HABLEMOS DE FÚTBOL

HABLEMOS DE FÚTBOL

CON

Víctor Hugo y
Roberto Perfumo

Maradona, Bilardo, Pekerman, Sorín,
Valderrama, Zamorano y más de 130 invitados
analizan el deporte que los apasiona

 Planeta

Hablemos de fútbol.- 1ª ed. – Buenos Aires : Planeta, 2006.
312 p. ; 23x15 cm.

ISBN 950-49-1481-0

1. Fútbol-Comentarios
CDD 796.33

Obra editada en colaboración con Grupo Editorial Planeta - Argentina

Diseño de la portada: ESPN

© 2006, ESPN SUR S.R.L.

Derechos exclusivos de edición en español reservados
para Latinoamérica
© 2006, Grupo Editorial Planeta S.A.I.C.
Buenos Aires, Argentina

Reimpresión exclusiva para México de:
Editorial Planeta Mexicana, S.A. de C.V.
Avenida Insurgentes Sur núm. 1898, piso 11
Colonia Florida, 01030 México, D.F.

Primera edición (Argentina): abril de 2006
ISBN: 950-49-1481-0

Primera reimpresión (México): mayo de 2006
ISBN: 970-37-0505-7

Impreso en los talleres de Litográfica Cozuga, S.A. de C.V.
Av. Tlatilco núm. 78, colonia Tlatilco, México, D.F.
Impreso y hecho en México-*Printed and made in Mexico*

www.editorialplaneta.com.mx
info@planeta.com.mx

A ESPN por darnos la oportunidad de emprender este sueño junto a nosotros.

A Carlos Mariani, hombre de ESPN, por su amistad de tantos años y porque sin su idea (nos juntó a los dos) no hubiera existido «Hablemos de Fútbol», ni por supuesto este libro.

A Marcelo Mármol de Moura, gran periodista que «jugó» junto a nosotros y muy bien.

A Eduardo Alperin, talentoso periodista, por el prólogo y porque su crítica certera nos ayudó mucho en la compaginación del libro. Además, a sus colaboradores de lujo, Darío Welschen, Walter Nápoli y Hugo Alfieri.

Al equipo de producción de «Hablemos...», Martín Lukacher, Fernando Cariolo, Adrián González, Pascual Lezcano y Martín Fradkin, por su ayuda permanente.

A Ariel Saegh y José Mansilla.

Y al fútbol... eternamente.

¿El fútbol dónde está?

Los aficionados no poblaban la tribuna del estadio, la pelota no estaba en la cancha, las banderitas del córner no se encontraban en sus lugares de espectadores privilegiados ni las redes arropaban las espaldas de los arcos.

El atrevido purrete, capaz de introducirse de contrabando por una puerta que algún distraído se olvidó de cerrar, le preguntó, con la inocencia propia de sus siete años, al viejo canchero: «¿El fútbol dónde está?».

El hombre, que alisaba el césped como si fuese una sedosa tela verde, sonrió. Observó sus piernas flaquitas, sintió la cálida e interrogativa mirada, se agachó con esfuerzo, extendió las manos a sus hombros y le dijo: «Es evidente que nunca viste un partido».

El pibe asintió con la cabeza y le respondió: «Juego al fútbol con los compañeros de mi escuela y en un terreno frente a mi casa. Pero desde que se fue mi viejo nadie me quiere llevar a ver un partido de verdad. Cuando hoy iba para la escuela decidí ver uno».

El canchero lo tomó de la mano y mientras lo conducía hacia las canchas auxiliares, donde la primera estaba jugando un amistoso, le habló: «Me preguntaste: ¿el fútbol dónde está? Mirá... El fútbol está en todos lados. Es una pasión embriagadora y está latente las 24 horas en quienes así lo sienten.

»Los jugadores disfrutándolo. Los ex jugadores añorando su época y comentándola a quienes los quieran escuchar. Los técnicos, preparadores físicos, médicos, kinesiólogos, perfeccionándose; los periodistas y los aficionados opinando en donde sea y del tema que sea.

»Hablan en el trabajo, en sus casas, en un bar, durante las comidas, en las vacaciones. Por eso, el fútbol está vivo en todo momento y en cualquier lugar. ¿Entendiste?»

El pibe elevó la cabeza, su mirada poseía un brillo especial. Su voz resonó como una imperiosa orden: «Hablemos de fútbol».

UNA CHARLA PREVIA A UNA REUNIÓN

Por casualidad, ese mismo día y casi a la misma hora, se encontraron el relator-periodista Víctor Hugo Morales y el ex jugador y ex director técnico Roberto Perfumo para analizar una propuesta de realizar juntos un programa de televisión. Mientras aguardaban para la reunión surgió esta conversación:

—¿Vos eras fastidioso, quejoso? (VÍCTOR HUGO)

—*No, yo no. Pero estaba entrenado para eso.* (PERFUMO)

—A mí me gustan los jugadores que si tienen que dar un golpe en la mitad de la cancha, lo dan, se dan media vuelta y se van. El árbitro se olvida más rápido de ese jugador. (VÍCTOR HUGO)

—*Hoy las tendencias han cambiado. Para nosotros era vergonzoso que el rival pensara que te había dolido. Era una cuestión de educación. Al Charro Moreno le tiraron una piedra en la cancha de Boca y lo lastimaron. Cuando llegó al vestuario, los médicos le dijeron: «¿Por qué no avisaste, que te atendíamos?». Y él respondió: «¡Ni loco. Mirá si le iba a dar el gusto al hijo de perra que tiró la piedra».* (PERFUMO)

—Hoy, por el contrario, se finge el dolor. (VÍCTOR HUGO)

—*Tiene que ver con la televisión, con una cultura diferente del futbolista. El juicio sobre el árbitro ha crecido muchísimo, es una persona muy censurada y el jugador se aprovecha de esto y lo presiona todo el tiempo. Hacerse la víctima da muy buenos resultados.* (PERFUMO)

—Yo creo que los propios árbitros han propiciado esta cultura de la queja. (VÍCTOR HUGO)

—*Sí, pero hay algo fundamental: la tarjeta amarilla. Cuando aparece el plástico se acaba el diálogo. Antes te amonestaban, pero a la vez te hablaban. Por ejemplo, Ángel Coerezza, Roberto Goicoe-*

chea, Duval Goicoechea, te decían: «Usted está nervioso, tranquilícese, no me obligue a expulsarlo». (PERFUMO)

—Además, cuando se protesta se pierde la concentración. (VÍCTOR HUGO)

—*Sí, Griguol es un obsesivo de eso. No quiere que sus jugadores protesten.* (PERFUMO)

—Al árbitro le molesta mucho más que vengas a mortificarlo con la protesta, que una patada. (VÍCTOR HUGO)

—*Incluso las declaraciones han cambiado. Antes, nadie decía: «Nos robó el partido». La queja es un deporte nacional en la Argentina, es quejarse y no hacer nada, porque la queja paraliza. En la cancha pasa lo mismo.* (PERFUMO)

—La queja y el fastidio son sentimientos hermanos. (VÍCTOR HUGO)

—*El fastidio es el clima general de las delegaciones argentinas. Al tercer día, no les gusta, en el hotel de cinco estrellas, el té con leche, porque el de la mamá es mejor y empiezan a quejarse porque el avión se mueve. Yo estuve cuatro años jugando en Brasil, viajando todo el tiempo y jamás escuché a alguno quejarse. Al final, terminé quitándome el vicio de quejoso. Volví a la Argentina y volví a quejarme.* (PERFUMO)

—¿Quién tiene que trabajar con el fastidio, el técnico? (VÍCTOR HUGO)

—*La Secretaría de Cultura de la Nación (los dos rieron). Sí, el técnico y sobre todo el de las inferiores, el maestro. Hay una cosa que el jugador niega actualmente: el principio de autoridad del árbitro. Sin árbitro, no hay fútbol. He jugado 200 partidos de potrero sin árbitros y todos terminaron a las piñas. Ésa es la realidad. Sin autoridad que juzgue no hay fútbol. Por eso decía al principio que hay todo un entrenamiento de autocontrol, para reconocer que lo sancionado por el árbitro es irreversible y que el tiempo que pierdo protestando lo puedo utilizar para colocarme mejor en la cancha.* (PERFUMO)

HABLEMOS DE FÚTBOL

La charla se interrumpió. Los invitaban a ingresar a la sala de reuniones. Cuando lo hicieron no tenían ninguna duda de cuál iba a ser el programa que les iban a proponer. Lo más simple para dos apasionados por el fútbol. Conversar sobre los más diversos temas, con valederos invitados, tan apasionados como ellos, para que cada uno expresara sus experiencias a través de sus vivencias, para sumar opiniones que se pueden compartir o no, pero dignas de tenerse en cuenta.

Cuando llegó el momento de ponerle el nombre, resonó en sus mentes la voz imperativa de aquel chiquilín: «Hablemos de fútbol».

«Hablemos de fútbol» está en su cuarta temporada en ESPN. En sus más de 200 emisiones pasaron reconocidos jugadores y técnicos latinoamericanos, preparadores físicos, médicos, psicólogos, periodistas, escritores, cuyos conceptos constituyen el contenido de este libro ideado por Víctor Hugo y el Mariscal Perfumo.

No es una novela ni un relato. Tampoco es un tratado específico de técnica. Es una amena charla de café donde desfilan la vida de los protagonistas, sus alegrías, sus tristezas y, por supuesto, sus conceptos futbolísticos, para, sin darse cuenta, convertirse en una apasionante historia plena de realidades.

EDUARDO ALPERÍN

Abrazo de gol

Es un verdadero placer invitarlos a entrar a la cancha para poder jugar juntos y así disfrutar de este partidazo en forma de libro.

«Hablemos de fútbol» está hecho en realidad por más de 160 "jugadores". La fácil tarea nuestra fue desgrabar y pasar al papel toda la inmensa riqueza futbolera que cada uno de los protagonistas trajo al programa. No sólo con esto aprendieron los televidentes, también nosotros.

Ya con «Hablemos de fútbol» en su cuarta temporada no hay dudas de que el aprendizaje dio resultados. Ambos jugamos mucho mejor. Por eso queremos que a vos te pase lo mismo porque las anécdotas, los conceptos y momentos son imperdibles.

Porque es experiencia que vivieron y viven los grandes de la historia de este jueguito que tantas sensaciones de la condición humana moviliza.

Dicen que en la vida nunca se vuelve igual; si te animás a entrar a la cancha con nosotros, seguramente tu manera de sentir y ver el fútbol cambiará. Ya desde el vestuario (este libro tiene mucho) te quedará grabado para siempre el inconfundible olor que este ámbito genera. Adentro del campo de juego además de temblarte las piernas, tampoco podrás olvidar el aroma a césped recién cortado. Ya con la pelota en juego tu manera de entenderlo te hará gozar mucho más de él.

Dale, animate, ¿quién te dice…? en una de esas terminamos todos: los protagonistas de este libro, vos, y nosotros dos, en un apasionado abrazo de gol.

VÍCTOR HUGO   ROBERTO PERFUMO

Capítulo 1

Una noche inolvidable

No fue una noche más. Nunca puede serlo cuando Diego
Maradona se hace presente en algún rincón del Planeta.
Su figura siempre magnetiza y sus palabras, como lo fueron
sus gambetas y sus goles, despiertan encantamiento.
Y esta vez, el placer de tenerlo fue nuestro,
de «Hablemos de fútbol», por aquel junio de 2005...

Con su chispa y su gracia habitual, el Diez conversó y reflexionó sobre todo y también compartió sus recuerdos…

—Junio es muy especial en su vida. Por el gol a los ingleses, por el de Caniggia a Brasil con ese pase maravilloso, por el gol a Grecia. (VÍCTOR HUGO)

—*En la calle me dicen «felicidades Diego». Y yo digo, pero todavía no es Navidad* (risas), *es por el gol a los ingleses.* (MARADONA)

—Sabés, Diego, que me dijo Batistuta cuando hace tiempo comentábamos tu gol. (PERFUMO)

—*¿Qué dijo?* (MARADONA)

—Yo hubiera pateado tres veces al arco. (PERFUMO) *(risas)*

—¡Es extraordinaria esa reflexión! (VÍCTOR HUGO)

—También me dijo que hubiera pateado de treinta metros, de veinticinco y dentro del área ni hablar. (PERFUMO)

—Diego, el gol a Grecia fue su último gol en los mundiales. (VÍCTOR HUGO)

—*Sí, ése fue el último.* (MARADONA)

—Estaba Caniggia en ese equipo. (PERFUMO)

—*Estaban Cani, Abel Balbo, estaba Redondo, estaba el otro delantero que teníamos que era el Cholo Simeone, que pasaba la línea de los delanteros y llegaba igual. Y teníamos al Coco Basile que nos motivaba de una manera increíble. A mí me lo dijo Bebeto cuando*

*vio que habíamos levantado el resultado con Nigeria: «Pensé que
ustedes jugaban la final con nosotros».* (MARADONA)

—Además corría mucho el equipo, estaba en un momento bárbaro. (PERFUMO)

—*El Coco dijo: «Si no corren, no podemos jugar con tantos delanteros». Éramos todos delanteros, no teníamos contención, por eso
teníamos que achicar espacios para atrás, si no quedaban mano a
mano nuestros zagueros con los rivales.* (MARADONA) ·

—Y para eso hay que correr. ¿Y Batistuta? (PERFUMO)

—*Para mí fue el goleador más grande que tuvimos. En Italia todos los goles los hizo Batistuta. Él jugaba en la Fiorentina, que peleaba el descenso y nosotros peleábamos el campeonato con el Napoli, y yo leía el diario: un gol de Batistuta, tres goles de Batistuta,
dos goles de Batistuta. Eso me ponía orgulloso. Por ejemplo, me
acuerdo del partido con Grecia en el Mundial. No habíamos salido
del vestuario, yo no la había tocado y ya había un gol de Batistuta.
Se nos simplificó todo. La tocó la segunda vez, y gol. Es muy lindo
tener un goleador al lado que defina así.* (MARADONA)

EL ORGULLO DE SER ARGENTINO

—Para mí el profesionalismo que han tenido los jugadores de los
últimos años en la selección ha sido extraordinario. Jugadores que
han hecho miles y miles de kilómetros por un partido. A la muchachada de veinte años que mira el programa, ¿se le puede decir algo
al respecto? (VÍCTOR HUGO)

—*Nosotros nos moríamos por ir a la selección. Yo eso lo sentí
en carne propia. Terminaba de jugar un partido en Italia y estaba
pendiente de la convocatoria de Bilardo.* (MARADONA)

—Y después eso siguió con Sorín, Crespo, Zanetti, Verón, Ayala. Ustedes dieron un ejemplo espectacular. (PERFUMO)

—*Es un camino, Roberto. Y ese camino también te lo marca la
gente, porque te lo agradece por la calle. Nosotros veníamos por la
camiseta, porque queríamos estar, representar al país, y la gente se*

da cuenta. Y también se da cuenta del que no quiere venir. Esto es lo que hacen ahora los Sorín, los Riquelme, los Cambiasso, es un camino que está siendo seguido. (Maradona)

—Ésta es una mística que se ha trasladado también a los otros deportes colectivos del país. Hay en las selecciones nacionales argentinas una cosa especial. En el basquet, en el rugby, en las chicas del hockey... (Víctor Hugo)

—*A mí me enorgullece.* (Maradona)

—Y esto ha nacido del fútbol, porque es la imagen más fuerte del deporte en el país. (Víctor Hugo)

—*Ver a Ginóbili jugando en la NBA y luego saber que quiere venir a jugar con la Selección, me emociona. Cuando el deportista entiende que la gloria supera la plata que tenés en el banco, sucede esto.* (Maradona)

Fútbol bajo presión

—Simeone dijo en el programa que acá en el mediocampo se juega más lento. (Perfumo)

—*Yo creo que es así, porque el argentino siempre busca el pase, la jugada virtuosa. En Italia pasan la mitad de la cancha y presionan sobre el propio pase que va a un compañero o al rival, ellos presionan. Se reducen los espacios y el que tiene la pelota se encuentra más tapado. Es como dicen: dásela al más burro de los rivales y presionalo.* (Maradona) (risas)

—¿Ustedes han ido percibiendo que los tiempos fueron cambiando, que está muy insoportable la actividad, que como nunca se depende del resultado, o siempre encuentran que fue así? (Víctor Hugo)

—*Los que jugamos en Italia sabemos que la semana para llegar al partido es terrible, Víctor Hugo. Y el resultado mucho más. Si perdés tenés una semana bochornosa.* (Maradona)

—Pero, Diego, ¡cómo les dan, los matan sin piedad los medios! (Perfumo)

—*Yo siempre digo que los periodistas argentinos, dentro de un resultado adverso, son bebés de pecho al lado de los periodistas italianos. El otro día la selección Sub 20 perdió contra Siria en el Mundial y leí un diario del que salía sangre, los mataron y son pibes que pueden ganar, perder o empatar. En Italia, perder no se perdona. Allá hay diarios, radios, televisión, veinte transmisiones distintas del partido que no hablan de otra cosa que no sea del perdedor. No importa quién ganó, el argumento central es cómo perdió tal o cual equipo.* (MARADONA)

—Lo grave que está pasando en el mundo del fútbol es que ya es el hincha el que pide la renuncia del entrenador, no la prensa. Se está creando una cultura en la que un técnico pierde tres partidos y se tiene que ir. (PERFUMO)

—*Pero el hincha se hace eco de lo que lee y de lo que escucha. Entonces va predispuesto a la cancha a que si pierden se va el técnico. El hincha, por lo general, puede aguantar una semana a que se renueve la ilusión de ganar el domingo que viene, ahora si vos le estás metiendo durante toda la semana «si pierde se va» se complica mucho.*

También influye en esto de los técnicos la acción dirigencial. Saber soportar al técnico a pesar de las derrotas es bueno porque mantenés una coherencia. Si para elegir un técnico te rompés la cabeza para elegir al mejor, no podés pensar a las dos fechas en echarlo. Estás matando tus convicciones y tus proyectos. (MARADONA)

—¿Cómo tienen que ser los técnicos? ¿Qué tienen que tener y de qué no pueden carecer? (VÍCTOR HUGO)

—*Yo pienso que debe tener un gran preparador físico y ascendencia sobre los jugadores. Lo importante es saber transmitir en los entrenamientos lo que quiere uno.* (MARADONA)

—Pero eso no es fácil. Muchas veces creés que el jugador entendió y no entendió ni él ni el grupo. (PERFUMO)

—*Claro que no es fácil. Pero hay que insistir. Eso es fundamental, porque en los partidos es muy difícil cambiarle la cabeza al jugador, por más que le grites. Yo a todos esos técnicos que se la pasan gritando desde la línea, no le creo a ninguno, porque si ya no le metiste la idea en la semana, gritándole lo cansás más.* (MARADONA)

—Bielsa dice que no le pidas al jugador en el partido lo que no hiciste en la semana. (Perfumo)

La anecdota

—*Voy a contar la anécdota que siempre cuento. Estábamos jugando River-Argentinos Juniors en cancha de Huracán y salgo gambeteando a dos defensores y me queda Roberto de último, cuando el foul como último recurso no era expulsión. Se la tiro adelante y... ¡me pegó una patada!, creo que me pegó en la pierna, en el tobillo, en el pecho, porque yo me iba directo al gol. Entonces, claro, yo estaba ante Roberto Perfumo, el Mariscal. Él viene, se me acerca y me dice: «¿No es cierto nene que no te hice nada?». No, por favor, le dije. Casi le pido disculpas yo.* (Maradona)

—Esa anécdota tiene un antecedente en el vestuario. Mostaza Merlo era nuestro periodista, él sabía todo. Se cambiaba al lado mío. Entonces le digo antes del partido: «Che, ¿el pibe de Argentinos juega bien?». Sí, me dijo Mostaza, ¡ojo! que el pibe ése sirve de verdad, eh. (Perfumo)

La vida nueva

—Diego, fue increíble lo que ha pasado físicamente con usted. Cuando fue a Cartagena, yo no hubiera pensado jamás que hubiese podido lograr esto. (Víctor Hugo)

—*Fui a buscar una vida nueva. Cuando todos decían que iba a Colombia a buscar otras cosas, yo aposté a los doctores colombianos para que me operaran, porque pensaba en mis hijas, porque no quería tener más la vida que tenía. Quería cambiar, quería mejorar la calidad de mi vida, y se los había prometido a Dalma y a Gianina. Y hoy estoy como estoy gracias a ellas y gracias a mí por el esfuerzo, porque dejé otros hábitos, porque hoy tomo sopa y agua sin gas y como puré todos los días, y quiero llegar a los 74 kilos que tenía hace muchos años, y sólo me faltan diez. Y estoy contento, por la elección de vida y porque me levanto todas las mañanas y veo a mis viejos, veo a mis hijas, y sé qué están haciendo mis hijas, sé lo que les pasa a mis hermanas, que hacía mucho tiempo que no lo sabía, a mis hermanos y por sobre todas las cosas tengo reacción para volver a lo que más me gusta, que es el fútbol, a tener contacto con los jugadores, con la pelota, con la cancha.* (MARADONA)

—¿Cuántos kilos bajó? (VÍCTOR HUGO)

—*32 kilos.* (MARADONA)

—Y qué parejo lo ha hecho porque no se le notan secuelas. (VÍCTOR HUGO)

—*Sí. Caminé mucho y...* (MARADONA)

—Y ahí está el golf, ¿no? (VÍCTOR HUGO)

—*Sí, el golf me ha ayudado muchísimo, pero por sobre todas las cosas haberme regido a una conducta que siempre tuve en la cabeza y que no pude desarrollar durante todo este tiempo por un montón de cosas. Y me propuse ser un modelo para mis hijas, no un ejemplo, un modelo. Mis hijas me veían gordo y me querían igual, pero yo quería poder abrazarlas, quería que ellas pudieran abrazarme. Y estoy feliz.* (MARADONA)

—Esto sí es ganar un campeonato. (VÍCTOR HUGO)

—*Es ganarle a los malos hábitos, es ganarle a la vida y es poder tener todos los sentidos abiertos. Antes tenía una anteojera, hoy sé lo que pasa a mi alrededor, hoy sé lo que pasa a mis espaldas, como lo hacía en el fútbol, que sabía dónde estaban mis compañeros y los contrarios. Hoy esto lo estoy poniendo en práctica en la vida. Y además por los hijos uno mueve montañas. Yo perdí muchos años en poder verlas felices a Dalma y a Gianina, en entregarles amor, en verlas todos los días, y me arrepiento de eso, porque yo esquivaba a mis hijas por un montón de hábitos, por la droga, que no me dejaba. Hoy reencuentro a mis hijas y es como volver a vivir.* (MARADONA)

Y al despedirse, Diego expresó: «*Quiero agradecerles a los dos por hablar de fútbol*».

Capítulo 2

El jugador,
el editor de la película

*Es un afortunado: cuando una pelota viaja en el aire,
todo se le vuelve posible. Todo: inventar y sudar, buscar y
encontrar, intentar y ganar, intentar y perder, contar con los otros o
animarse en soledad, tener éxito o tener pesar, imaginar y hacer,
imaginar y deshacer, alegrarse hasta desbordar, llorar hasta el
final, dejar el alma y que nadie lo advierta, poner el arte y que el
universo lo aplauda, generar el amor o despabilar la ira, ganar y
perder, crear y pensar, pensar y crear. El futbolista es un
afortunado porque su tarea consiste en aquello que más humanos
vuelve a los hombres: se la pasa jugando.*

Jonny Wilkinson, jugador de la selección inglesa de rugby, convirtió el drop decisivo para ganar la Copa del Mundo. Finalizado el partido, un periodista le preguntó: ¿Cómo hizo esa jugada maravillosa en el último instante? Y él respondió: «Porque desde que tengo cinco años estoy practicándola».

PERFUMO

Es una respuesta formidable, aleccionadora, que debería ser publicada como título en las páginas de deportes, porque es una invitación a la superación, a la perseverancia y a mejorar ciertas aptitudes naturales que uno pueda tener.

VÍCTOR HUGO

En este capítulo observaremos notables historias de vida que tendrán como eje la vocación, el retiro, el miedo, la fama, el liderazgo...

IVÁN ZAMORANO, 10 de octubre de 2004

La vocación y la florcita

—¿Cómo aprendiste a cabecear? (PERFUMO)

—*Creo que es algo innato, pero también lo fui trabajando. Mi mamá me cuenta que cuando yo era chiquito, en el pasillo de nuestra casa había una especie de florcita que colgaba de una lámpara, y ella dice que yo estaba completamente obsesionado en cabecearla. Cuando llegaba del colegio me ponía una hora o dos horas a saltar a cabecear la florcita.* (ZAMORANO)

—¿Y por dónde pasaban sus sueños de futbolista en ese entonces? (Víctor Hugo)

—*Mis sueños formaron parte de los sueños de mi padre. Él me fue metiendo ese sueño de poder jugar al fútbol a nivel profesional. Ya a los catorce años no tenía ninguna duda de que iba a ser jugador profesional.* (ZAMORANO)

—Eso es vocación. Cuando uno dice no voy a estudiar, no voy a hacer nada porque yo voy a ser futbolista, o boxeador, o basquetbolista, tiene la vocación marcada a fuego. Para mí fue igual, yo no pensaba en otra cosa. Como decía Adolfo Pedernera, me hubiese enfermado si no hubiese sido futbolista. (PERFUMO)

La fama y aprender a decir que no

—Usted, que llegó a Europa con veinte años, ¿fue consciente en ese momento de las asechanzas que tiene un muchacho joven: las chicas, la fama, el dinero? (VÍCTOR HUGO)

—*Yo sabía perfectamente las cosas que había alrededor de todo eso.* (ZAMORANO)

—No me diga, ¿se puede controlar eso? (VÍCTOR HUGO)

—*Por supuesto que se puede controlar. Pero si lo más fácil es decir que no. Tú eliges tu camino.* (ZAMORANO)

—¿Nunca se distrajo de los objetivos? (VÍCTOR HUGO)

—*No, siempre tuve la necesidad de ser un profesional responsable y siempre tuve el apoyo incondicional de mi familia. Eso es fundamental para un futbolista.* (ZAMORANO)

—Esta actitud es clave. Cuando algún jugador joven y famoso me pregunta: ¿y ahora qué hago con todo esto de la fama?, yo le digo: aprendé a decir que no. (PERFUMO)

La perseverancia necesaria

—*Así como el técnico Jorge Valdano fue honesto conmigo cuando me dijo que me buscara club, porque yo iba a ser el quinto delantero del Real Madrid en esa temporada, también lo fue cuando luego reconoció que se había equivocado conmigo. Cuando él llegó al Madrid, no me conocía, se había quedado con la imagen de que yo llevaba tres meses sin hacer goles, y me pareció excesivo el tono*

en que me dijo de frente lo que me esperaba. Porque él podría ha-
bérmelo dicho de otra manera, y no decirme: «Mejor ándate, porque
no vas a tener oportunidades de jugar, porque vas a ser el quinto de-
lantero». (ZAMORANO)

—Pero fue bueno para vos, fue terapéutico, porque todo lo que
no mata fortalece. (PERFUMO)

—*Para mí fue un golpe en seco, así como cuando perdí a mi pa-*
dre... y al igual que aquella vez me dije: «Aquí tengo que ser el hom-
bre de la casa, una vez más». (ZAMORANO)

—Este programa va a ser visto por muchos jóvenes a los que tal
vez les dijeron ayer que tienen que cambiar de club o que no van a
ser titulares, y se van a sentir mortificados. Lo que usted cuenta es
un ejemplo muy lindo. (VÍCTOR HUGO)

—*A mí a los trece años no me quisieron en el equipo del que fui*
hincha toda la vida. Me fui a probar a Colo Colo y me echaron, no
me quisieron por chico y por flaco. (ZAMORANO)

—A mí también me pasó lo mismo. Fue terrible. Yo conozco tu
reacción porque uno juega para ese señor toda la vida, para demos-
trarle a ese señor que te echó, que estaba equivocado. (PERFUMO)

—*Y para demostrarte a ti mismo que no hay absolutamente na-*
da imposible en la vida. (ZAMORANO)

Un goleador que no hace goles

—¿Qué pasa por la cabeza de un goleador cuando no hace goles? (PERFUMO)

—*Imagínate lo que pasa todos los días si no tienes pan para ali-*
mentarte. Se pierde confianza, el arco es más chico, el arquero es un
robot inmenso. Se pierde lo que un delantero no debería perder nun-
ca, que es la esencia del goleador, estar al acecho en el área; porque
te echas atrás en el campo porque no te llega la pelota. (ZAMORANO)

—Ése es un detalle táctico interesante. Si el goleador es goleador, tiene que seguir en la suya. (VÍCTOR HUGO)

—*¿Pero sabes lo que nunca hice? Dejar a mi equipo con diez. Jamás. Yo estuve tres meses sin hacer un gol, pero mi equipo jugaba con once. Corría como nunca, me entregaba como siempre.* (ZAMORANO)

—Si jugás para el equipo, volvés a hacer goles. (PERFUMO)

El sueño recurrente

—¿Sueña que juega todavía? (VÍCTOR HUGO)

—*Sí, por supuesto, muchas veces.* (ZAMORANO)

—¿Sueña con partidos que jugó o partidos por jugar? (VÍCTOR HUGO)

—*Sueño con partidos que jugué y con partidos que invento en mis sueños.* (ZAMORANO)

—¿El estado de melancolía alguna vez lo perturba? (VÍCTOR HUGO)

—*Sí, algunas veces. Los recuerdos están siempre presentes. Uno está vigente en la televisión, o en la calle, o cuando entra a un restaurant...* (ZAMORANO)

—Te dicen: «Volvé, Iván, como vos no hubo ninguno». Aunque tengas 60 años te seguirán pidiendo que vuelvas. (PERFUMO)

EL JUGADOR, LA CULTURA Y LAS VERTIENTES

Juan Pablo Sorín, junio de 2005

—¿Qué recogés de tu vida trashumante en el fútbol? (VÍCTOR HUGO)

—*El aprendizaje, el jugar en distintas ligas y observar cómo se toma el fútbol en cada país... y las culturas. Amigos entrañables, experiencias únicas.* (SORÍN)

—¿Y de Brasil, por ejemplo? (VÍCTOR HUGO)

—*De Brasil, la alegría. Todos tenemos esa alegría, pero nuestra manera de ser más cohibida, más melancólica, nos impide exteriorizar la alegría de la forma en que lo hacen los brasileños. Y de Italia, por ejemplo, la historia, lo imponente de cada monumento en Roma, el carácter de ellos, la belleza.* (Sorín)

—¿Y en el juego? (Víctor Hugo)

—*El juego en Italia es muy táctico, muy físico, poco vistoso. Me atrae ver algunos partidos del fútbol italiano, pero sólo a determinados equipos.* (Sorín)

—También estuviste en Francia. (Víctor Hugo)

—*Yo tuve la suerte de ir a un lugar muy cerca de París, Saint Germain, uno suele enamorarse de los barrios y perderse en la fascinación. En cuanto al fútbol, es más que atractivo, realmente me sorprendió. Es una mezcla de razas, yo creo que los negros le ponen mucho carácter al fútbol francés.* (Sorín)

—Y después España. (Víctor Hugo)

—*Creo que la liga de España, junto a la brasileña y a la Argentina, es donde uno siente más placer en jugar, porque más allá de las tácticas es técnica pura. Los campos bien mojaditos, se alaban las jugadas lindas. El fútbol español tiene mucho de los extranjeros que van a jugar allá.* (Sorín)

La vocación oculta

Alberto «Beto» Acosta conoció su vocación
de una manera distinta pocos meses después
de su retiro, 28 de octubre de 2004

—*Yo no tenía ninguna expectativa en que iba a ser futbolista profesional. Había ido una sola vez a la cancha a ver un partido entre Unión y River, pero no se me cruzaba por la cabeza ser un Francescoli o un Alonso. Sólo quería jugar y divertirme. Recién cuando llegué a la final del torneo juvenil Proyección 86 con Unión, se empezó a dar vuelta todo.* (Alberto Acosta)

—Ahí te empezó a gustar. Si no hubieras tenido una vocación, aunque fuera oculta, no habrías podido llegar. (PERFUMO)

—*Es como decís, estaba oculto ese sentimiento. Porque a mí me encantaba jugar al fútbol. Si mi mamá y mi papá se cansaban de tener que ir a buscarme a los potreros..., pero no soñaba.* (ALBERTO ACOSTA)

LA MADRE DE LA PERFECCIÓN

Marzo de 2004

—Alguien nos pregunta por correo electrónico si Maradona practicaba tiros libres. (VÍCTOR HUGO)

—Sí, muchísimo. Había una predisposición, una destreza física natural en Maradona para hacer todo lo que hacía, pero tiene que haber practicado muchísimo. Habrá ganado muchos helados en apuestas con el arquero, pateándole después del entrenamiento. (PERFUMO)

—¿Qué jugadores has visto que se quedaban pegándole a la pelota, pateando tiros libres? (VÍCTOR HUGO)

—Jota Jota López, Alonso, Menotti, Jaime Martinoli. No salen los chanfles de Cavenaghi porque Dios lo iluminó. La práctica es lo único que hace aflorar el talento. Yo mismo me he pasado horas tratando de contrarrestar el centro atrás de los delanteros, el famoso centro de la muerte. (PERFUMO)

—¿Podés contar lo de Eduardo Falú?[1] (VÍCTOR HUGO)

—Sí, por supuesto. Falú estaba enojado porque el sobrino era guitarrista como él y tocaba seis horas por día. Y yo le pregunté: ¿y usted cuántas horas toca? Once, me dijo. (PERFUMO)

—Diego es el mejor ejemplo de que siendo un genio, igual tiene que practicar... (VÍCTOR HUGO)

---

[1] Falú, Eduardo: eximio guitarrista, compositor y cantor del folklore argentino.

—Ya lo dijo Luis Garisto en el programa: «La repetición es la madre de la perfección». (Perfumo)

La identidad y la exigencia

Leonardo Rodríguez, julio de 2004

—Hay un aspecto del jugador argentino que me parece que no ha sido alcanzado por el resto de los jugadores del continente y es el sentido profesional. El argentino tiene muy claro qué es lo que quiere de este juego. Quiere el juego, pero también quiere asegurarse la vida económicamente, no tiene una actitud bohemia. Lo entiende de una manera muy drástica y siempre sin perder el carácter amateur.

Por ejemplo, una cosa que celebro de la Selección Argentina de los últimos quince años es que se trata de jugadores millonarios que vienen y juegan con una pasión de potrero: mal, bien o regular, no importa, pero hacen infinidad de viajes Europa-América a veces para entrar a jugar un minuto o quedarse en el banco. (Víctor Hugo)

—*Esto tiene que ver con la manera en que vive el argentino. El argentino vive generalmente bajo presión. Tuve la suerte de jugar en México y en Chile, y siento que la exigencia y el entorno que hay en el fútbol argentino no existen en esos países. En ningún lado existe la presión externa que hay acá: te presiona el hincha, el dirigente. Perdés tres partidos y te rompen el auto...* (Leo Rodríguez)

—Eso genera un caparazón especial. (Víctor Hugo)

—*Pero eso no se vive en ningún lado. Estuve tres años en el fútbol italiano y no tengo ninguna duda en decir que el fútbol argentino tiene una presión externa muy superior.* (Leo Rodríguez)

—Yo dirigí en Colombia en el '93. Estuvimos doce partidos sin ganar y nunca vi a un hincha que me viniera a recriminar. (Perfumo)

—*Cuando llegué a Francia me dieron en préstamo al Toulon, y vino a jugar a casa el Paris Saint Germain, que es uno de los tres*

grandes de allá. Y nos metieron cuatro, nos dieron un baile bárba-
ro. Yo pensaba: «Ahora cuando salgamos, nos matan». Y salimos
firmando autógrafos. «Vamos que el domingo ganamos», alé, alé...
y chau. (LEO RODRÍGUEZ)

—Y eso termina no gustándote, porque falta la exigencia con la
cual te criaste, que es bien argentina. (PERFUMO)

—*Es que termina siendo una situación cómoda y la comodidad*
no forma parte de nuestra cultura futbolística. (LEO RODRÍGUEZ)

—Por eso, la exigencia desmedida es absolutamente criticable,
pero la exigencia medida es indispensable para determinar calidades. (PERFUMO)

EL JUGADOR DE HOY,
versiones de una realidad compleja

Carlos Bilardo, junio de 2003

—*En la parte física los jugadores están muy bien, pero en técnica*
están mal, porque a los chicos no se les enseña técnica. (BILARDO)

—Los jugadores de hoy saben más de táctica, pero tienen menos
técnica. (PERFUMO)

—*No tienen técnica. Mirá lo que me pasó en la Selección Argen-*
tina. Viste que decían: «Bilardo los confunde». Me daba vergüenza
empezar las charlas... «Bueno, muchachos, los de azul y blanco se
la pasan a los de azul y blanco...» (BILARDO)

—¿Te referís a que los jugadores de Selección también tienen
cierta incapacidad para pasarse la pelota entre ellos? (PERFUMO)

—*Sí, esto sucede porque a los futbolistas hay que tomarlos de*
jóvenes, de grandes ya no podés. Me pasó en España, tocar el silba-
to, terminar la práctica..., ¡y era un pique al vestuario para irse a sus
casas! Entonces yo iba y cuando estaban cambiaditos les decía:
«Vuelvan a la cancha porque me olvidé una jugada». (BILARDO)

—Me pasó con el Beto Carranza en Racing. Yo volvía a dirigir
después de estar once años alejado de la actividad. Me sorprendí por-

que un día le dije: «Andá, que vos ya terminaste por hoy». A los dos minutos recordé algo que le tenía que decir, y cuando lo mandé buscar ya no estaba. (PERFUMO)

—¿Hay jugadores que no miran partidos? (VÍCTOR HUGO)

—*Sí, pero a mí me gusta que miren, porque siempre algo sacan. Si vos estás en esto, tenés que mirar.* (BILARDO)

—Es parte del trabajo. ¿Y hablan de fútbol? (PERFUMO)

—*No. En el vestuario hace casi diez años que no se habla de fútbol. Entran, se cambian y listo. Tiene que haber un tipo que promueva la charla, si no, no se habla demasiado. Tenés que inculcarles. Si vos se los inculcás de chicos, les gusta. Ahora, si no les hablás de táctica, van pasando los años y después no aprenden.* (BILARDO)

—Es la obligación de todo maestro despertar la pasión por la profesión. (PERFUMO)

Javier Sanguinetti y Daniel «Rolfi» Montenegro, junio de 2003

—En mi época vivíamos hablando y mirando fútbol. ¿Ustedes miran fútbol? (PERFUMO)

—*Sí, yo particularmente sí porque me gusta el fútbol. Y creo que la mayoría de los jugadores conoce a sus rivales. No me parece que el futbolista esté tan desinformado como se lo quiere mostrar.* (SANGUINETTI)

—Se ve que mirás el programa, porque aquí se puntualiza bastante sobre ese tema. (PERFUMO)

—*Exactamente, por eso lo digo.* (SANGUINETTI)

—*Yo miro los partidos, pero no soy muy detallista. Si miro a Banfield, por ejemplo, no me voy a poner a observar detenidamente cómo juega Sanguinetti, miro el partido.* (MONTENEGRO)

—Pero el que observa y estudia al rival tiene más chances de sacar ventaja. (PERFUMO)

—*La ventaja que él tiene sobre mí, es su técnica; entonces yo tengo que preocuparme en buscar las variantes para que su técnica no me supere. Y saber cómo se mueve, ayuda.* (Sanguinetti)

—Lo que pasa es que el delantero puede darse lujos que el defensor no puede, como perder una pelota o errar un gol. El defensor, y más si es zaguero central, tiene la necesidad de ser infalible y para eso necesita estudiar más al rival. (Perfumo)

Fernando Quiroz y Hernán Díaz, recientes ex jugadores, agosto de 2003

—*Se ha perdido un poco al líder dentro del campo de juego, ese que resolvía cosas positivas para el equipo. El jugador de hoy se despreocupa de ese tema y le deja toda la responsabilidad al entrenador. No resuelve nada, no se preocupa por el juego. Pero no es de ahora, esto sucede desde hace algunos años. Hay jugadores que esperan únicamente la indicación.* (Quiroz)

—*El jugador de hoy es más obediente.* (H. Díaz)

—Y por lo tanto, más dependiente. (Víctor Hugo)

—¿Se perdió eso de hablar de fútbol, cambiar opiniones? (Perfumo)

—*Sí, es muy difícil tener una charla con un grupo de jugadores que planteen cosas desde lo táctico o desde lo técnico. Es un inconveniente grande. Los entrenadores tienen que estar atentos a todo, porque hay pocos jugadores que resuelven situaciones dentro de la cancha. Es que faltan jugadores con características para ejercer un liderazgo.* (Quiroz)

—Creo que el líder tiene que ser una persona generosa. Y la primera vez que tuve un dato al respecto fue con un técnico uruguayo, Juan Ricardo Fazio. Un día fui a la concentración para hacer una nota y le pregunté por un jugador, si en la intimidad él era el líder del equipo. Entonces me dijo: «Mírelo». «Sí, le respondí, está leyendo el diario». «Vea, tiene dos diarios más debajo de la pierna para no prestarlos. No puede ser líder alguien así». (Víctor Hugo)

—*Lo primero que tiene que hacer un líder es estar siempre a disposición de los demás. Con eso se logra un liderazgo positivo.* (Quiroz)

—Sí, liderazgo es servicio. (Perfumo)

Carlos Fernando Navarro Montoya, agosto de 2004

—Independiente tiene en Navarro Montoya lo que llamamos un líder futbolístico. ¿Siente que es así, Fernando? (Víctor Hugo)

—*Yo creo que los líderes no se imponen, son naturales. Y muchas veces los líderes que ve el hincha o el periodista generalmente no son los líderes dentro del grupo.* (Navarro Montoya)

—Se han convertido históricos errores en creer que Fulano es líder y es detestado por todos sus compañeros. (Víctor Hugo)

—*Pasa por una cuestión natural, de relación, de piel, de afecto. Yo digo que el consejo tiene valor no por el que lo da, sino por el que lo recibe, cómo lo recibe y cómo utiliza esa palabra. Y cuando los chicos son serios, son inteligentes y quieren crecer, el consejo tiene valor.* (Navarro Montoya)

—No hay peor consejo que el que no se pide. (Perfumo)

—Hay que ser muy oportuno para dar un consejo, muy preciso y muy generoso. No hay líder donde no hay generosidad. (Víctor Hugo)

El futbolista ganador

Néstor Fabbri y Roberto Abbondanzieri, 16 de junio de 2003

—Esa definición de ganador, ¿existe? (Víctor Hugo)

—*Sí, en la vida también ocurre. Yo me considero un tipo que juega para ganar, no importa a qué. A la única persona a la que le dejo ganar es a mi hija.* (Fabbri)

—Es una condición natural en el futbolista, si no tenés eso... (PERFUMO)

—*Sí, pero cuando llegué a Francia y jugué el primer partido contra el Marsella, perdimos 2-0. Cuando subí al micro, los jugadores estaban cantando, jugando a las cartas. «Está bien, sólo perdimos 2-0.» Esa mentalidad es la que a partir del año '98, con jugadores franceses que fueron al extranjero, se empezó a cambiar y así llegaron los títulos internacionales.*
Yo, cuando perdía, no salía de mi casa. (FABBRI)

—Eso es básicamente del futbolista argentino, que exagera un poco. Cuando jugué en Brasil me pasó lo mismo de entrada. (PERFUMO)

—*Pero eso habla bien de nuestro fútbol, del futbolista argentino. El fútbol preocupa como cualquier trabajo. Si usted no está haciendo bien las cosas se va a preocupar; ahora, si no le interesa nada, las cosas le van a salir mal.* (ABBONDANZIERI)

—La autoexigencia es todo un tema para el futbolista. (VÍCTOR HUGO)

—La autoexigencia desmedida hace preocupar al jugador y lo puede destruir. La correcta, en cambio, lo hace ocuparse y ser un buen profesional. Esto sucede en todas las actividades. (PERFUMO)

Profesional

—A mí me parece que el futbolista argentino es el más profesional de Sudamérica. (VÍCTOR HUGO)

—*Sí, se adapta a cualquier tipo de situación.* (FABBRI)

—Es un jugador cucaracha. (PERFUMO)

—¿Por qué cucaracha? (VÍCTOR HUGO)

—Porque la cucaracha superó todo, es antediluviana. Y el futbolista argentino también. Supera todas las adversidades: juega en la nieve, en la montaña, en la altura, en el calor, sin entender el idioma, en cualquier horario... (PERFUMO)

—Pero, por otra parte, ha evolucionado esto de la profesionalidad. Hace treinta años no era así, no se cuidaban tanto. (Víctor Hugo)

—Sí, nosotros entrenábamos a la tarde y salíamos a la noche. Era una organización totalmente distinta. Además, eso lo hemos pagado. Nuestra generación, a pesar de los grandes nombres, ha fracasado internacionalmente a nivel Selección. La desorganización era permanente, en todo sentido. En la década del sesenta empezaron Zubeldía y Pizzuti a trabajar en doble turno. Fue una revolución. Empezaron los tratamientos médicos, los estudios. Yo justo atravesé esa transición. Era un mundo diferente, donde el fútbol se convirtió en un laburo. Y llegaron los resultados: Racing fue campeón en el '66 y Estudiantes en el '67. Y también fueron campeones intercontinentales. (Perfumo)

Ser suplente

—¿Cómo vivió la etapa donde le tocó ser suplente tanto tiempo? (Víctor Hugo)

—*Estuve tres años como suplente de Oscar Córdoba, y sin embargo iba a entrenar con unas ganas bárbaras, porque sabía que algún partido iba a jugar.* (Abbondanzieri)

—Y porque sabía que cuando vendieran a Córdoba, el puesto era suyo. (Víctor Hugo)

—*Pero más allá de eso, uno llegaba el martes a entrenar sabiendo que tenía que pasar toda la semana matándose y el domingo no iba a jugar.* (Abbondanzieri)

—Sí, porque además hay una respuesta personal que está relacionada con el grado de profesionalidad y de responsabilidad del jugador. (Víctor Hugo)

—Pero ustedes, los arqueros, están más preparados para la suplencia, porque saben que hay un solo lugar para ocupar. En cambio, el jugador de campo puede jugar en varios puestos y sufre más ser suplente. (Perfumo)

—*Sí, es cierto. No es lo mismo entrenar para jugar que entrenar para ir al banco.* (FABBRI)

—Entrenar siendo titular es fácil, porque tenés la autoestima elevada. Pero cuando sos suplente tenés que ser muy tenaz para entrenar como si fueras titular. Y la tenacidad es una de las condiciones más importantes del futbolista. (PERFUMO)

EL JUGADOR...

...Y EL MIEDO

Mario Zanabria y Enrique Hrabina,
diciembre de 2003

—*El miedo siempre está, pero hay que tratar de canalizarlo por el lugar que cause menos daño. Tenés que tratar de que se te libere tu parte más importante. Si el fuerte mío es tener la pelota, manejar los tiempos, que ese miedo no haga que me esconda, que rehúya la jugada.* (ZANABRIA)

—¿El miedo en la cancha es algo que ustedes observaron en algunos jugadores o el miedo es hasta antes de salir a la cancha, en el vestuario, la noche anterior? (VÍCTOR HUGO)

—*El miedo es importante que esté porque es el que te hace estar alerta, con los músculos contraídos, para después largar durante el juego toda la adrenalina que ese miedo te provoca. Yo creo que todas las personas tienen diferentes formas de canalizar sus emociones, y yo tenía mis miedos, pero me explotaban en el momento que empezaba el partido y los transformaba en algo positivo que me servía para descargar toda la energía. Y me agrandaba.* (HRABINA)

—El miedo siempre está, pero hay que vencerlo. (PERFUMO)

—El drama del miedo en el fútbol es que al ser una actividad tan machista cuesta confesarlo, cuesta admitirlo. ¿Qué jugador te llamaría para decirte en un rincón del vestuario: «Estoy muerto de miedo, ayudame?». No existe esa posibilidad, tiene que bancársela solo. (VÍCTOR HUGO)

—*Pero sería bueno que eso ocurriera para que se pueda observar el respaldo grupal que debe tener un equipo.* (HRABINA)

—Sentir miedo en el vestuario y confesarlo, pero responder en la cancha, no le hace mala fama a nadie. Distinto es que el miedo perdure durante el partido, porque ese jugador sería tildado de cobarde. En el caso positivo que estamos planteando, el grupo se hace cargo del miedo de uno y de todos a la vez. Si esto pasa, estamos ante un grupo ganador, vencedor del miedo. (PERFUMO)

—*En los juegos grupales es importantísima esa comunicación que tiene que haber para que tu compañero pueda ayudarte, bancarte, pero eso del machismo no nos permite decirlo, pero tal vez lo expresamos por otro lado.* (HRABINA)

—Un gesto característico y visible del miedo es cuando un jugador se esconde detrás de los contrarios para que no le pasen la pelota los compañeros. (VÍCTOR HUGO)

...Y LA CONFIANZA

Junio de 2004

—La confianza que el entrenador deposita en el jugador es fundamental para revertir situaciones. Por ejemplo, cuando Carlos Bianchi dirigía a Vélez, me contó que lo llamó a Pandolfi, que era muy resistido por la gente, y le dijo: «Quedan doce partidos para terminar el campeonato, vos vas a jugar hasta el último, salvo que te maten a tiros en la calle». Y a mí me pasó con un jugador de Gimnasia, Andrés Yllana, que debutaba. Le dije: «Se ríen de vos y te cargan, pero vos quedate tranquilo que vas a jugar todos los partidos». Y esto tiene mucho que ver en la relación íntima entre el futbolista y el técnico. Y ahí el jugador no puede fallar. Cuando un entrenador te dice eso, vos no podés fallarle. Cuando el técnico motiva bien, da confianza. Y ésta ocupa el lugar de los miedos. La ecuación es: más confianza, menos miedo. (PERFUMO)

…Y LA EXPERIENCIA

Diego Cagna, septiembre de 2004

—¿Qué sabiduría adquirió con el tiempo? (VÍCTOR HUGO)

—*No corro alocadamente dentro de la cancha, y yo estaba acostumbrado a eso cuando era joven. Ahora corro con más inteligencia.* (CAGNA)

—¿Cómo se administra eso? (VÍCTOR HUGO)

—*Es difícil de explicar. Por ubicación, por inteligencia, por haber corrido mucho la cancha, uno se da cuenta de que lo que antes hacía en diez pasos ahora lo hace en dos.* (CAGNA)

—¿No será por concentración? (VÍCTOR HUGO)

—*No creo, es más por ubicación.* (CAGNA)

—Eso ocurre porque hay una inmensa cantidad de jugadas que empiezan, terminan o se continúan de forma parecida, y el jugador experimentado tiene un registro interno de esas jugadas, como un archivo que le posibilita un menor esfuerzo físico, ya que se anticipa a la jugada. Además, cuando uno más grande se pone, más entiende que la pelota es redonda y la hace correr en lugar de correr uno. (PERFUMO)

—La evolución del futbolista se ve reflejada en la simpleza. (VÍCTOR HUGO)

…Y LAS OBLIGACIONES

Claudio Borghi, septiembre de 2004

—*Mi mamá se equivocó en tenerme tantos años después, porque si hubiese nacido en otro fútbol lo hubiese gozado mucho más. A mí me costaba mucho ser un jugador táctico, ser disciplinado. Yo eso no lo sentía, lo empecé a sentir a los treinta años, cuando ya pensaba ser técnico y me preocupaba por cosas que antes no me importaban.* (BORGHI)

—¿Admite entonces que no tenía razón? (VÍCTOR HUGO)

—*Ahí, Víctor Hugo, empieza una gran discusión del fútbol. Porque a mí me dicen que un entrenador es táctico. Y yo digo: ¿cuántos minutos de un partido se puede ser táctico? Porque lo demás es estrategia. Yo soy táctico cuando defiendo una pelota parada o cuando ataco con una pelota parada, pero lo demás es una estrategia que tienen que tener los jugadores.* (BORGHI)

—Sí, pero es una estrategia derivada de la táctica. (VÍCTOR HUGO)

...Y LA CONCENTRACIÓN MENTAL

*Los entrenadores Miguel Ángel Russo
y Enrique Hrabina, octubre de 2004*

—Yo creo que la diferencia de rendimiento que se consigue entre un equipo y otro, muchas veces está dada por la concentración, y ésa sí que es una buena tarea para los técnicos. (VÍCTOR HUGO)

—*Sí, uno como técnico quiere que el jugador empiece a leer correctamente el partido. Cuando empieza a leer el partido es que está desarrollando su mente. Pero cuesta mucho tiempo aprenderlo y hoy hay muy pocos que lo hacen. Una virtud del entrenador es inculcarle a los futbolistas que desarrollen su mente, porque muchas situaciones pasan por el aspecto mental en un partido de fútbol y hay que saberlas leer para poder dominarlas.* (RUSSO)

—Muchas veces se toma como distracción una lectura errónea de la jugada. Eso no es distracción, porque el jugador estaba atento, sólo equivocó el camino. (PERFUMO)

—*De todas formas, se trabaja con la concentración. Nosotros lo hacemos todos los días en Almagro realizando trabajos específicos que apuntan a ello. El trabajo diagramado, sistemático, con diferentes variantes y consignas hace que el jugador tenga que estar concentrado sí o sí, y eso después se refleja en el partido.* (HRABINA)

—Son las obligaciones mínimas que tiene que tener cada jugador dentro de la cancha para con el equipo. (PERFUMO)

—Los defensores suelen estar más concentrados que los delanteros. (VÍCTOR HUGO)

—*Sí, por lo general el defensor está más concentrado por naturaleza.* (HRABINA)

—Eso es porque el defensor ve el partido diferente. (PERFUMO)

—Está leyendo más cosas, tratando de adivinar más. El delantero depende un poco más de la inspiración. (VÍCTOR HUGO)

—*Sí, pero donde tenés un delantero concentrado mentalmente es el goleador del torneo.* (RUSSO)

...Y LA TÁCTICA

El entrenador Manuel Pellegrini, junio de 2003

—¿Usted cree que el futbolista argentino tiene una gran cultura táctica? (VÍCTOR HUGO)

—*Tiene una cultura táctica importante, quizá no tanto como en Italia, donde ya es casi una obsesión, incluso los jugadores dejan de lado sus capacidades para poder aplicarse tácticamente. Creo que Argentina está en un equilibrio justo.* (PELLEGRINI)

—Comparado con otras épocas, ¿tenemos un jugador más programado, que mira más al banco? (PERFUMO)

—*Yo creo que sí, pero en eso tenemos alguna responsabilidad los técnicos, porque a veces cometemos el error de aferrarnos a nuestra idea sin ver la realidad y el jugador piensa: «Si no hago lo que quiere el técnico, me saca». Por eso es dependiente.* (PELLEGRINI)

—¿Dónde no se puede equivocar un defensor? (VÍCTOR HUGO)

—*Un defensor no se puede equivocar en su área por arriesgar una jugada que no lo hace mejor defensor.* (PELLEGRINI)

—Exacto. Un jugador no se puede equivocar en las áreas, porque allí se definen los partidos.
Ahí se ganan o se pierden. (PERFUMO)

...Y LAS PRESIONES

Carlos Mac Allister, Jorge Higuaín
y el periodista Adrián Paenza, noviembre de 2004

—A propósito de la presión, quiero contar lo que me pasó en mi primer superclásico. Hasta ese momento yo había sido un desastre en Boca, y en la charla técnica el entrenador dijo adelante de todos mis compañeros: «Si Mac Allister marca bien a Medina Bello, ganamos el partido». Me tiró la responsabilidad a mí solo de ganar o perder y eso me presionó, pero lo pude resolver. Ahí pude vencer el miedo a ser el único responsable de ganar o perder. (MAC ALLISTER)

—La presión existe y existió, y es probable que algunos la hayan sentido más que otros, pero yo creo que el futbolista de hoy perdió independencia. Hoy es un tipo absolutamente dependiente, mirando constantemente al banco haciendo al entrenador más responsable de lo que es. Y no puede ser que le caiga toda la responsabilidad al entrenador de turno. Esto lo pensé cuando fui futbolista y hoy que me toca estar del otro lado. En la cancha, la situación la manejan los jugadores y la deciden los jugadores, equivocados o no. Nosotros asumíamos responsabilidades. (HIGUAÍN)

—Eso habla mucho del tipo de jugador que vemos hoy. El jugador que sabe que puede, que se siente potente, no necesita todo el tiempo estar mirando al banco. Yo estoy de acuerdo con que hay una dependencia, pero existe esa dependencia porque han disminuido fuertemente las calidades individuales. (PAENZA)

PARA LA CÁMARA, QUE ME ESTÁ MIRANDO

Osvaldo Ardiles y Jorge Burruchaga,
10 de abril de 2003

En el partido Libertad de Paraguay-River, por la Copa Libertadores 2003, Andrés D'Alessandro festejó un gol chocando contra un cartel de publicidad y se produjo un corte en la pierna. Ése fue el disparador.

—A mí no me gustan particularmente los jugadores que apartan a sus compañeros en el festejo de un gol. Por ejemplo, el grito de Kempes contra Holanda en la final del Mundial '78 es un festejo de sobriedad pura. (VÍCTOR HUGO)

—Además, con los brazos abiertos para abarcar a todos sus compañeros. (PERFUMO)

—El grito desgarrador, irrepetible de Marco Tardelli en la final del Mundial España '82, es mi grito de gol preferido. Es el que más he disfrutado en su celebración, sin entrar en coreografías ni en cosas extrañas. Yo creo que tiene que ver con la televisión. (VÍCTOR HUGO)

—Sí, tiene que ver con la cámara. Porque la cámara envía mensajes. Le mando un mensaje a mi señora, a mi novia, me beso el anillo de casamiento.Y después está la sinceridad en lo irracional. El gol te produce un efecto de locura donde vos perdés la razón y vas a ser lo que realmente sos. Si sos egoísta, te vas a escapar de tus compañeros. Si sos generoso y agradecido, te vas a dar vuelta y los vas a abrazar. A mí, personalmente, esto es lo que más me emociona. (PERFUMO)

—A veces un jugador empuja la pelota después que otro hizo una jugada fantástica y sale corriendo para el otro lado eludiéndolo en el festejo. Hay un cuento excelente de Alejandro Dolina, de alguien que driblea a diez jugadores, otro viene, la empuja y mete el gol, y lo festeja abrazándose con todos. Vuelven a la mitad de la cancha y el que la empujó le dice al que hizo la gran jugada: «Bien, che».

Es una demostración de un cierto egoísmo que se da en ese momento. (VÍCTOR HUGO)

—*A mí me gusta cuando los jugadores festejan los goles con sus compañeros, no cuando se lo dedican a alguien que no es parte del grupo. El esfuerzo es de todo el equipo y pienso que tiene que ser festejado entre ellos.* (ARDILES)

—*¿Cuánto piensan los jugadores antes de los partidos en cómo festejar el gol? Tal vez no piensen igual en subsanar los errores como en festejar los goles. Eso me sorprende.* (BURRUCHAGA)

—Ésa es la importancia de la cámara. (Perfumo)

—¿Cómo festejaba los goles, Osvaldo? (Víctor Hugo)

—*No me acuerdo de haber hecho un gol.* (risas) *Bueno, lo festeja-ba, e inmediatamente me iba a reunir con mis compañeros.* (Ardiles)

—Jorge, cuando usted hizo el gol de la vida contra Alemania en la final de México '86, lo gritó sobriamente levantando los brazos al cielo, agradeciéndole a Dios. (Víctor Hugo)

—*Sí, busqué el rincón porque faltaban tres minutos. Pensé mirar a Dios y agradecerle el momento que me hacía vivir. Me arrodillé para tomarme un poco de tiempo, y encima llega el Checho Batista y se arrodilla conmigo y me dice: «Quedémonos acá un rato». Siempre digo que cuando lo vi venir al Checho con su barba a festejar conmigo fue como si hubiera visto a Jesús que se me acercaba.* (Burruchaga)

El goleador y su mundo

Alfredo «Tanque» Rojas, José Horacio Basualdo
y Fernando Cavenaghi, junio de 2003

—*¿Ustedes saben lo que es un goleador? Muchos grandes futbolistas que jugaron conmigo me decían que no veían el arco, y yo lo veía enorme. Para mí lo más grande que había dentro de una cancha era el arco. Cuando erraba algún gol, pensaba: «Qué mal que habré estado que le erré a todo eso grandote».* (Alfredo Rojas)

—Y para algunos es lo más chico que hay en la cancha. (Perfumo)

—*A los volantes les pasa eso, generalmente.* (Alfredo Rojas)

—*Claro. Yo al arco no lo veo ni aunque esté al lado.* (Basualdo)

—*Ahí está, esto es lo que quiero decir. Él viene llegando al área y al arco lo ve lejos. ¿Vos te das cuenta de que está el arco?* (Alfredo Rojas)

—*No, yo miro otras cosas. Miro a los jugadores y sus posiciones.* (Basualdo)

—Sucede que la vocación es otra. ¿Y vos, Fernando? (PERFUMO)

—*Yo trato de ver todo. Si veo a algún compañero que está mejor ubicado, trato de pasarle la pelota.* (CAVENAGHI)

—Pero toda la hinchada está esperando tu gol. (PERFUMO)

—*He tenido rachas de no hacer goles, y de verdad estaba contento porque veía que entraba bastante en juego y aunque no me tocaba hacerlo a mí, tenía la chance de dárselo a un compañero.* (CAVENAGHI)

—*Y lo sentís como un gol tuyo.* (BASUALDO)

—*Por supuesto, y aunque la primera etiqueta que te ponen es «no hace goles», no importa, no hago goles, pero puedo ayudar, jugar en grupo y darle un pase a un compañero.* (CAVENAGHI)

—Ésa es una ventaja, porque el goleador que no hace goles se cae anímicamente, y a vos no te pasa. (PERFUMO)

—*A mí sí me pasaba. El drama venía en el segundo partido sin convertir. Después de un partido en el que no hacía goles tenía una semanita un poco rara y si a la segunda semana no convertía, ya empezaba el drama.* (ALFREDO ROJAS)

GOLEADOR EN SILENCIO

José Raúl «Toti» Iglesias y el periodista
Matías Martin, mayo de 2004

—*Me parece imposible que un jugador no grite un gol por respeto a la camiseta pasada, al club. Me parece que te tiene que salir naturalmente, qué difícil eso de no poder gritar un gol.* (MATÍAS MARTIN)

—Y usted que transitó por tantos equipos no hubiera podido gritar más goles. ¿En cuántos equipos estuvo? (VÍCTOR HUGO)

—*Jugué en quince equipos.* (IGLESIAS)

—Claro, usted hubiera sido un goleador en silencio. (VÍCTOR HUGO)

—Yo no creo que sea una falta de respeto gritar un gol ante un equipo por el que uno haya pasado. Entiendo al hincha que lo ve desde el sentimiento, desde el corazón y por ahí se siente mortificado cuando ve a un tipo que vistió su camiseta y ahora le grita un gol. Lo entiendo, pero el hincha no sabe que ésta es una profesión, éste es un trabajo, y la gente del club que te está pagando, que te hace sentir cómodo, merece que vos grites los goles que hacés con tu actual camiseta. (IGLESIAS)

—Hay que pensar también en el hincha del club en el que estás jugando, que quiere que grites los goles como él lo hace. El hincha necesita que vos, como goleador, te identifiques con él y que te asocies al festejo. (MATÍAS MARTIN)

PADRE E HIJO, DOS GOLEADORES

Luis Artime, padre e hijo, septiembre de 2004

—¿Cómo ha sido tener un papá que fue crack, cómo lo sobrellevaste? (VÍCTOR HUGO)

—Al principio uno siempre decía que el apellido no pesaba, pero era mentira. La verdad es que pesa, me pesó mucho acá en Buenos Aires y creo que mi escape fue ir a Córdoba, porque allá a papá no lo veían tanto. Eso me facilitó hacerme un nombre propio. (ARTIME HIJO)

—¿Era un tema de autoexigencia? (PERFUMO)

—No, autoexigencia no. Yo estoy orgullosísimo de haber sido el 10% de lo que fue mi padre. Si a mí me decían antes de empezar mi carrera si quería ser el 10% de lo que fue él, firmaba de inmediato. Estoy contento porque pude mantenerme en el fútbol tantos años. (ARTIME H.)

—Y Luis, ¿qué procuraba que no le ocurriera a su hijo? (VÍCTOR HUGO)

—Desde chico le gustó el fútbol y yo lo apoyaba como mis padres me apoyaron a mí. Lo que siempre le negaba a él es que fuera a jugar a los equipos por los que yo había pasado. Por ejemplo, no

quise que fuera a Independiente, de Nacional de Montevideo lo vinieron a buscar también. Por el tema de la comparación, que tu papá hacía más goles, que esto, que lo otro. Para qué agregarle esa mochila. Por eso fue a Córdoba e hizo su camino. (Artime p.)

—Una vez dije por radio que Fabián era más hábil, más jugador, aunque seguramente menos goleador que el papá, y tuve diez o doce llamados donde me trataron poco menos que de animal. Técnicamente, y sin regalarse nada, ¿cuál de los dos era el mejor? (Víctor Hugo)

—*Yo le envidio la pegada. No era dúctil pegándole, pero encimaba tan bien la pelota que siempre la ubicaba al lado de los palos.* (Artime h.)

—¿Cómo que la encimaba? (Víctor Hugo)

—*Claro, él la agarraba con la canilla, con el empeine o con la rodilla, y la pelota iba siempre a un rincón.* (Artime h.)

—Él echaba el cuerpo hacia adelante. La famosa manera de encorvarse que tenía Ángel Labruna dentro del área, como si sacara una joroba. (Perfumo)

—*Yo me tengo que esmerar para pegarle de la mejor forma con el empeine para que la pelota vaya adentro. Esa certeza y ese olfato que tenía, que parece que todas las pelotas le caían a él, son cualidades muy grandes.* (Artime h.)

—Pero más hábil, ¿cuál de los dos? (Víctor Hugo)

—*Él por ahí juega un poco más fuera del área, yo era más de jugar dentro del área.* (Artime p.)

—¿Pero esto era así o usted quiso que esto fuera así y tenía una habilidad que se despreocupó de exhibir? Porque yo recuerdo un gol jugando para Nacional de Montevideo que fue una obra de arte... (Víctor Hugo)

—*Sí, yo he hecho algunos goles con jugadas, pero el otro día me preguntaron si yo me quedaba en los entrenamientos para patearle a los arqueros... y yo nunca pateaba en los entrenamientos, siempre me quedaba al lado de los arqueros para agarrar los rebotes. Nunca pateaba desde fuera del área, porque tenía el temor de lesionarme.* (Artime p.)

—No me diga... (VÍCTOR HUGO)

—*Sí, yo les decía a los técnicos: «A mí no me hagan patear, déjenme al lado de los arqueros»... pelota que se les escapaba, ¡pum! yo la empujaba adentro. Tal vez, si yo hubiera hecho ese trabajo hubiera sido técnicamente superior.* (ARTIME P.)

—¿Usted cree que el goleador tiene un don especial? (VÍCTOR HUGO)

—*Sí, el de la concentración mental durante los noventa minutos. Mire, a mí no me gustaba el juego del Estudiantes de Zubeldía y eso que Osvaldo fue el que me trajo al fútbol grande, pero yo lo que sí les admiraba era la concentración. Ellos se concentraban cinco o seis meses para buscar el error del adversario. En un partido están los jugadores, el árbitro, los líneas, 50.000 personas en el estadio, pero pasa un avión y muchos miran, incluso los jugadores. Los once de Estudiantes estaban todo el tiempo concentrados.* (ARTIME P.)

—¿Esto lo cuenta para decir que su secreto estaba siempre en la concentración permanente? (VÍCTOR HUGO)

—*Yo siempre digo que el partido se puede ganar en el primer segundo o en el último.* (ARTIME P.)

—La fenomenal virtud de él era la paciencia. ¡Tenía una paciencia!, no se aburría cuando no agarraba la pelota. Hay jugadores que se desesperan. (PERFUMO)

EL JUGADOR

El técnico Oscar Washington Tabárez,
noviembre de 2003

—*El futbolista se enfrenta a una situación y tiene que comprenderla, ése es el primer punto. Y después tiene que saber cuáles son las posibles soluciones y elegir la mejor, de manera intuitiva porque el fútbol se juega a nivel sensomotriz, intuitivo.* (TABÁREZ)

—Es un pensamiento corporal. (PERFUMO)

—*Así es. Y después viene el asunto de la ejecución. Cuando lee bien la situación, elige la mejor solución y la ejecuta bien, tenemos a un futbolista completo.* (TABÁREZ)

EL JUGADOR DE CULTO

El escritor argentino Alejandro Dolina,
27 de noviembre de 2003

—*En medio de este fútbol tan competitivo, con esa inseguridad que tiene el tipo que está por patear un tiro libre y piensa que si lo tira alto por ahí no lo ponen más, yo he inaugurado una serie de jugadores a los que podríamos llamar jugadores de culto. Es decir que no hay que hacerlos depender de los resultados, uno no los pone para ganar, los pone para jugar. Entonces tengo una colección. Jugadores a los que ni siquiera les va muy bien, pero que es un deleite verlos jugar. El primer ejemplo es José Luis «Garrafa» Sánchez. Es extraordinario. Otro es el Mago Capria, otro es Tito Pompei y el mejor de todos ellos es quizá hoy el mejor jugador del mundo, que es Zidane. Zidane es de ésos.* (DOLINA)

—¿Por qué jugador de culto? ¿Quiénes son? ¿Los que le gustan a la gente? (PERFUMO)

—*¡Noooo!, esos jugadores no son los que le gustan a la gente. A la gente, de acuerdo a lo que veo y gracias a la presión mediática, le gustan los jugadores que hacen chilenas, y que se caen y están mucho tiempo en el suelo, digo yo por las jugadas que se repiten por televisión. Me parece a mí que la forma de atacar es producir un desequilibrio, y el desequilibrio se produce gambeteando con una gran habilidad o por ahí haciendo algo que no está calculado, que produce un trastorno en la defensa. Por ejemplo, vos vas a recibir la pelota que viene rasante y te abriste de piernas y dejaste pasar la bola y entró otro; eso produce un trastorno de medio segundo que es suficiente para provocar el desnivel. Esa clase de jugadores producen trastornos con la inteligencia, con lo que no está previsto. No con lujos ni con gambetas, ni corriendo la pelota como si fuera la última... sino haciendo cosas que no están previstas.* (DOLINA)

—Agregaría a Ermindo Onega, Rojitas, Daniel Willington, que tenían un talento natural para jugar al fútbol, y hoy podríamos ubicar en ese espacio a Riquelme. Riquelme a veces hace pases que yo como defensor no los hubiera esperado. (Perfumo)

El retiro,
todo tiene un final, todo termina

Enzo Francescoli, noviembre de 2004

—¿Por qué el retiro? (Víctor Hugo)

—*Siempre tuve la idea de dejar de jugar cuando no tuviera las ganas de concentrar o entrenar. Y tuve esa suerte cuando no tuve las ganas, dejé. Durante mi carrera hablé mucho con mi señora, que es psicóloga, y durante los últimos dos años estuve haciendo psicoanálisis. Eso creo que me ayudó muchísimo, incluso a tomar la decisión de dejar algo que era mi medio de vida y mi pasión. Creo que dejé en el momento indicado, pero si me preguntan si extraño, la respuesta es sí. Creo que es algo que jamás voy a volver a tener así realice cualquier otra actividad.* (Francescoli)

—El jugador vive siempre con la adrenalina del riesgo y esos momentos de emociones constantes son incomparables, por eso se extrañan mucho. (Perfumo)

—*El otro problema del deportista es el tiempo escaso en el que es útil para la actividad. Una vez me encontré con Platini y él me dijo que estaba bien después del retiro porque tenía claro que el fútbol era para los jóvenes, que llegaba un momento en que uno tenía que dejar de jugar al fútbol.* (Francescoli)

—Además, no hay nada más difícil que defender el éxito. En el final de mi carrera tenía terror antes de entrar a la cancha por todo lo que tenía que defender. A los veinticinco años eso no me pasaba, antes de los partidos yo leía el diario, las historietas, era un irresponsable. (Perfumo)

—*Es que hasta cierta edad hay una cierta irresponsabilidad en el jugador de fútbol...* (Francescoli)

—Toda la gente que se disfraza para trabajar es anormal, Enzo...
(risas) (PERFUMO)

—*Es verdad, yo creo que si hubiese sido más responsable en algunas cosas tal vez hubiese andado mejor de joven. Pero es propio de la edad, uno se toma las cosas más a la ligera.* (FRANCESCOLI)

—¿Qué cosas te emocionan en este tiempo? (VÍCTOR HUGO)

—*Me emociona el día a día que vivo, el afecto que recibo de mucha gente que nunca imaginé que hubiera seguido mi carrera. A siete años de mi retiro eso es lo que hoy disfruto, la generalidad de afecto que recibo sólo por haber pateado bien una pelota.* (FRANCESCOLI)

—Vos hace poco que te retiraste y por ahí todavía es muy temprano para que te des cuenta de que uno es parte de la historia de la gente... «Yo hice tal cosa porque vos lo hiciste antes»... ¿Sabés cuántos maridos me dicen que a la mujer la llamaban Perfumo porque lo marcaba y no lo dejaba salir de noche? Mirá, el día que falleció Ermindo Onega yo iba en un taxi y cuando se escuchó la noticia en la radio, el taxista se puso a llorar. Yo le pregunté si era de River, y me dijo: «No, soy de Boca». Ermindo había entrado en la vida de ese hombre. (PERFUMO)

**Leonardo Astrada, meses después de su retiro
como futbolista profesional, 14 de agosto de 2003**

—*Últimamente tenía menos ganas de ir a entrenar, de concentrarme. Tenía una desesperación para que llegara la hora del partido e irme a casa. Ya no lo disfrutaba, ya no sentía esa responsabilidad que sentía al comienzo.* (ASTRADA)

—Porque defender el éxito asusta mucho. (PERFUMO)

—*Sí. Muchas veces me puse a pensar que si tenía un mal partido iba a tirar por la borda todo lo que había hecho anteriormente.* (ASTRADA)

—Yo tenía esa fantasía: ahora viene un pibe, me hace un caño, me hace pasar un papelón, me caigo... y esa idea me rondaba por la cabeza. Era una verdadera estupidez. (Perfumo)

—Usted debe haber jugado a los 22 ó 23 años algunas veces peor que en cualquier partido mal jugado de este último tiempo, pero cuando Astrada ahora jugaba mal, cuando el jugador es veterano lo primero que dicen es que ya no está para estos trotes. (Víctor Hugo)

—*Sí, es lo primero que se dice.* (Astrada)

—Además, no es lo mismo jugar a cierta edad en River que en otro club, porque en River atacan todos. (Perfumo)

—*En River tenés cuarenta, cincuenta metros que cubrir, tenés que salir a los costados y ganar, y cuando no ganaste dos veces ya el murmullo se empieza a escuchar. Para jugar ahí tenés que estar muy bien. El último año yo lo sentí y preferí dar un paso al costado.* (Astrada)

—Yo también me retiré por eso. (Perfumo)

Dependencias

—Hasta este momento otros han organizado tu vida. Te decían a qué hora comer, a qué hora viajar, cuándo tener sexo. Uno como futbolista se pasó la vida viajando, pero cuando deja el fútbol no sabe viajar en avión. (Perfumo)

—*Mi mujer muchas veces me decía: «No puede ser que yo te esté armando la vida», porque yo salía del entrenamiento y era siempre la misma hora, no estaba pendiente de que tenía que hacer esto o lo otro...* (Astrada)

—Y si no, te lo hace el preparador físico, te lo hace el médico... (Perfumo)

—*Uno está acostumbrado a que lo despierten, a que te llamen para cenar.* (Astrada)

—A que te armen la vida. (Perfumo)

Negocios

—*Siempre me enseñaron que mientras uno está jugando al fútbol no tiene que hacer negocios, tiene que poner la cabeza exclusivamente en el fútbol.* (Astrada)

—¿Qué hace con el dinero? ¿Se lo da al representante para que lo maneje? (Víctor Hugo)

—*No, yo fui una de las personas que no confié en darle el dinero a los representantes. Lo manejaba mi padre o lo manejaba yo.* (Astrada)

—Además, un jugador de alta competencia, ¿qué tiempo tiene para hacer negocios? Por otra parte, ¿hay mejor negocio que dedicarse a jugar bien? (Perfumo)

—*No. Tuve compañeros que lamentablemente hicieron negocios y hoy no tienen nada, como también hubo casos de algunos que le daban la plata a los representantes y hoy tampoco tienen nada.* (Astrada)

—El representante sirve para... (Víctor Hugo)

—*Sirve para algunas cosas. Sirve para acercarte a algún directivo de un club para que te contrate, pero para llenarte la cabeza de que sos el mejor, comprarte teléfonos y regalarte autos, no sirve, a los chicos eso no les sirve.* (Astrada)

*Hernán Díaz y Fernando «Teté» Quiroz y
sus versiones del retiro, 28 de agosto de 2003*

—*Al jugador que fui lo tengo sentado en el banco de suplentes, y creo que se quedará ahí toda la vida. Pero está. Siempre dije que iba a estar preparado para el día del retiro, pero cuando el día llegó, todo lo que había pensado se esfumó en el mismo instante en que me dieron ganas de volver a entrenar, ganas de ponerme las vendas, ganas de volver a salir por el túnel...* (H. Díaz)

—El olor a vestuario... (Víctor Hugo)

—*¡El olor a vestuario!... siempre le digo a mi mujer que extraño ese clima que se genera cuando uno se pone las vendas, el olor a los botines, al aceite verde...* (H. DÍAZ)

—Y ahora vas a caminar por algún lado y vas a encontrar ese olor perdido por ahí, como esos olores que nos quedaron impregnados desde chicos y que cuando los volvemos a encontrar vienen acompañados de imágenes muy queridas. (PERFUMO)

—Además, una vez que se retiran me da la sensación de que no tienen con quién jugar, porque no se divierten jugando con personas comunes y ya no pueden jugar con los profesionales. ¿Es así o es una fantasía mía? (VÍCTOR HUGO)

—*Sí, es así. Una vez que dejás de jugar profesionalmente, dejás de jugar al fútbol.* (QUIROZ)

—*Sos un jugador sin pelota.* (H. DÍAZ)

—¿Y dónde se descarga la adrenalina? (VÍCTOR HUGO)

—*Es difícil. Hay que hacer algo, hay que ocupar el tiempo. La compañera que uno tiene al lado tiene que tener mucho aguante, porque te cambia la vida.* (H. DÍAZ)

—Claro que te cambia la vida, pasás de no estar nunca en tu casa a estar siempre. Cambia el vínculo. Hay una estadística que marca que el 70 por ciento de los jugadores que se retiran se divorcia. (PERFUMO)

—*Los primeros momentos son complicados porque por lo general lo que viene después del fútbol a uno no lo satisface. Lleva un tiempo, hasta que uno encuentra el lugar, el momento de sentirse otra vez cómodo y puede decir: «En este momento de mi vida, esto es lo mío». Cuando uno está convencido de eso, creo que recién ahí dejó al jugador de lado.* (QUIROZ)

—*Además, cuando querés reinsertarte en tu familia, vas a contramano de todo. Algún sábado quería salir a cualquier lado, y mi señora me decía: «No, los sábados con la nena hacemos esto». Yo venía a cambiar todo.* (H. DÍAZ)

—Sí, es cierto. Yo tengo un único hijo y a mí me pasaba que cuando volví a estar en mi casa, él y mi señora hablaban de cosas y yo estaba ajeno a los temas. (PERFUMO)

—*A mí me pasa lo mismo, yo tengo una hija única.* (H. Díaz)

—Ellos tienen como una sociedad, y hablan de la escuela, de la diversión, de la ropa que se compran... y vos estás ahí medio perdido. (Perfumo)

—Y si uno quiere recuperar todo el tiempo perdido, invade. (Víctor Hugo)

—*Exacto. Con mi hija pasó algo muy extraño. Mientras yo jugaba, a ella no le interesaba para nada el fútbol, no me veía jugar, nada. Ahora que me retiré, se hizo fanática de River, si hasta viene a la cancha conmigo.* (H. Díaz)

—Se habrá amigado con el fútbol, porque ahora le devolvió al padre. (Perfumo)

—¿Qué fue lo que los llevó a dejar el fútbol? ¿La edad o el ritmo de hoy? (Víctor Hugo)

—*Lo de la edad es muy relativo. Creo, sí, que las exigencias son mayores a medida que uno va creciendo en experiencia, y más en clubes grandes donde tenés que jugar miércoles y domingo. El trajín de entrenamientos hace que uno lo piense. Pero creo que la decisión de abandonar el fútbol es muy personal, mientras uno se sienta bien tiene que seguir jugando. Yo si tengo que aconsejar a alguien le digo: «Si te sentís bien jugá hasta los cuarenta años, hasta los cincuenta si podés».* (H. Díaz)

—¡Hasta que te echen! Porque si te vas solo te va a quedar siempre la idea de que podías seguir. (Perfumo)

—*Sí, pero después de tener una carrera de tantos años uno no quiere tener un final opacado.* (Quiroz)

—Eso también es verdad. (Perfumo)

—*Cuando pasa el tiempo, sí llegás a pensar: «Para qué me fui solo, me tendrían que haber echado». Pero eso lo entendés después.* (Quiroz)

Las frases

«El jugador nunca puede dejar de pensar. Más allá de cualquier sistema y cualquier táctica, si tenés jugadores inteligentes dentro de la cancha es todo mucho más fácil.»

SEBASTIÁN DOMÍNGUEZ

«El que tiene ganas de triunfar, el que tiene ganas de crecer, tiene que acostumbrarse a todo.»

IVÁN ZAMORANO

«Lo más difícil para un jugador es no jugar. Una vez, Juan Amador Sánchez me dijo algo que me quedó para siempre: "Creo que el esfuerzo más grande de mi carrera lo hice este año: solamente jugué dos partidos y me entrené como nunca".»

LEONARDO ASTRADA

«Siempre les digo a los chicos de mi equipo que no se queden con lo que tienen. En diez o quince años de carrera, un futbolista puede mejorar todos los días.»

FERNANDO NAVARRO MONTOYA

«Yo nací sabiendo cabecear un poco. Y cuando fui jugador me di cuenta de que mi negocio iba a estar ahí. Entonces, practiqué mucho para perfeccionarlo.»

ALFREDO «TANQUE» ROJAS

«A veces hay que dejar un poco de lado el tema de la presión y saber disfrutar de momentos tan importantes como jugar un clásico, porque tal vez el día de mañana no se presenten más posibilidades así.»

FEDERICO INSÚA

«Hay muchos jugadores que tienen que guardar el orden en la cancha para que algunos pocos hagan un desorden y puedan crear situaciones de gol para ganar partidos.»

PATRICIO CAMPS

«Los alambrados en los estadios argentinos son bastante altos. Yo digo que no hay que penar al que toma la pelota en la tribuna y se la lleva. Hay que penar al que la pateó a la tribuna. Hay que decirle: "Pibe, a esta pelota la pagás vos"».

CARLOS BILARDO

«Hacer jueguitos con la pelotita de tenis es como hacer el test de Cooper con cinco kilos de pesas. Hacés cien metros con cinco kilos y después los sacás y parece que estás volando. Y con la pelotita de tenis pasa lo mismo. Después de las prácticas hacía jueguito diez minutos con la pelotita de tenis. Entonces, cuando te viene la grande, la parás con una facilidad asombrosa porque estabas trabajando con un elemento de mayor dificultad.»

PAULO SILAS

«Hay jugadores que pasan por el entrenamiento, no se quedan a entrenar.»

LUIS GARISTO

«La vergüenza es un sentimiento que está un poco perdido en las sociedades y que sirve para que, montado en ese sentimiento, uno pueda sacar fuerza de flaquezas. En el fútbol como en la vida.»

ALBERTO FANESI

«Todos los días de la semana, de dos a tres de la tarde, Ponce tiraba centros y Gottardi cabeceaba. Todos los días. Una vez fuimos a jugar a Córdoba. Centro de Ponce, gol de Gottardi. A la mañana leo el diario: "Con un oportuno cabezazo ganó Estudiantes". ¿Oportuno? Hace cuatro meses que todos los días de dos a tres Ponce tira el centro para que Gottardi cabecee.»

CARLOS BILARDO

«Con los futbolistas que mejores relaciones formé en mi carrera fue con los otros número cinco que pasaron por el plantel. Tanto con Zapata, con Claut, con Villarreal, con el Pelado Almeyda..., porque siempre entendí que el tema era competir sanamente, que todo pasaba por mi esfuerzo.»

LEONARDO ASTRADA

«Yo jugué en River y en el Ajax de Holanda, pero ahora estoy cumpliendo mi sueño de hincha: jugar en Huracán, aunque sea en el Nacional B.»

MARIANO JUAN

«Yo estaba jugando en el Real Madrid y decía que iba a terminar mi carrera en Chile jugando en Colo Colo, porque tenía que cumplir el sueño de mi padre, porque tenía que seguir el legado de ese sueño. Y finalmente se dio.»

IVÁN ZAMORANO

«En la Selección, yo salía a comérmelos crudos a todos. No sé si jugaba bien, pero salía a jugar con una emoción y un espíritu ganador que era increíble.»

AMÉRICO GALLEGO

«La Selección no te espera. Cuando te tiran la pelota, tenés diez minutos para hacer las cosas bien. Y si no ya empiezan a decir "una cosa es la Selección y otra cosa es el club".»

LEO RODRÍGUEZ

«Lo de la rabona fue una virtud que me encontró mucha gente, cuando en realidad fue un defecto, porque yo no sabía patear de izquierda».

CLAUDIO BORGHI

«Hay jugadores, como Zidane, que siempre le encuentran a la pelota la redondez.»

ROBERTO FONTANARROSA

«Bochini era tan sutil que, cuando hacía un gol, a veces no llegaba la pelota a la red.»

VÍCTOR HUGO

«Dicen que José Daniel Valencia daba el pase antes de darlo.»

OSVALDO WEHBE

«Beckenbauer era como Perfumo. Como era lindo, pegaba patadas y nadie le decía nada.»

CARLOS BILARDO

Momentos

Baltazar y el chinchorro

—Cuando yo dirigía a Sudamérica, de Uruguay (1981), jugamos una vez en la cancha de Progreso. (PERFUMO)

—*Sí, esa cancha estaba al lado del Pantanoso, que es como el Riachuelo en la Argentina.* (LUIS GARISTO)

—Iban ganando 1-0, y de sobrepique uno mandó la pelota al agua. Y un tipo, nadando, fue a buscarla. (PERFUMO)

—*¡Baltazar se llama el que nadaba!* (risas) *Y en la cancha de Rampla, que también está al lado del río, la tirás afuera y va uno con el chinchorro y te trae la pelota. Eso es parte del folklore del fútbol uruguayo.* (LUIS GARISTO)

La habilidad de Chicho

—Aquí no se ha llegado a conocer tanto la habilidad de Chicho Serna, pero en Colombia yo lo he visto jugar como un volante ofensivo de mucha habilidad. (VÍCTOR HUGO)

—*Era el hermano* (risas). (ROBERTO TROTTA)

—Mostaza Merlo decía que jugaba de nueve en el baby fútbol. Y yo le decía: «Bueno, traeme los videos» *(risas)*… También Bilardo ha dicho que tiraba caños…, ¡yo quiero ver esas imágenes! (PERFUMO)

Capítulo 3

El fútbol
que vemos hoy

Increíble: es el mismo y, también, es otro. Asombroso: es una tormenta de tensiones y de presiones y, a la vez, es un espacio donde aún soplan brisas de libertad. Indomable: es tratado casi como una ciencia y, sin embargo, cautiva cuando se parece al arte. Contradictorio: es un campo de especulaciones y de cálculos, de previsiones y de sistemas y, pese a todo, seduce cuando sucede lo impensado. Maravilloso: acaso por eso mismo o por todo eso, el fútbol de hoy sigue siendo fútbol.

En el fútbol de hoy pasás de fenómeno a espantoso.
Si ganás sos un fenómeno, si perdés te invitan a morir.

LUIS GARISTO

¿Qué fútbol vemos hoy?

A partir de esta pregunta, se dispararon en el programa opiniones, conceptos y puntos de vista disímiles.

¿Cómo se juega hoy al fútbol? Veamos.

VOCES DESDE LA CANCHA

Roberto Trotta, agosto de 2003

—Usted debutó en 1986, ¿qué cosas han cambiado en el fútbol? (VÍCTOR HUGO)

—*Muchas cosas. Primero, lo físico; el aumento de la exigencia física. Y también ha cambiado otro aspecto: la disminución de la técnica individual.* (TROTTA)

—¿Bajó el nivel de la técnica del jugador? (PERFUMO)

—*Sí, muchísimo, porque hoy se juega tan velozmente que es difícil encontrar precisión. Es raro ver hoy a un jugador rápido y preciso.* (TROTTA)

—Hay limitaciones en lo técnico que se advierten más que antes, ¿pero no será que las exigencias para la técnica individual son otras? El jugador de hoy, al que no vemos tan lucido en cuanto a técnica, tal vez diez años atrás hubiera encontrado espacios para desarrollarla. (VÍCTOR HUGO)

—*Es posible. Hoy querer ser preciso en velocidad es una tarea para pocos. A muchos jugadores se les apaga la luz en esos casos. Eso es lo que vemos globalmente.* (TROTTA)

—Por otra parte, me parece que se terminaron los equipos que defienden metidos en el área, colgados del travesaño, esa cosa estéticamente reprobable. (VÍCTOR HUGO)

—*Hoy, un equipo chico sabe que si va a la cancha de River a meterse atrás, pierde. Entonces, ¿por qué no plantear el partido de otra manera?* (TROTTA)

—En eso que decís, influyó mucho el tema de los tres puntos. Hay veces en que las circunstancias te obligan. No te tirás atrás, te mete el equipo contrario. (PERFUMO)

—Pero esos son los avatares del partido, a cualquiera le pasa tener que entregarse por unos minutos a una defensa a ultranza, pero no es la idea original que el equipo tenía. (VÍCTOR HUGO)

—En el fútbol de hoy los equipos intentan pasar la línea del balón. A la hora de defender la mayor cantidad posible de jugadores pasa la línea del balón y empieza a trabajar para recuperar la pelota. (PERFUMO)

**Pasar la línea del balón
para recuperar la pelota**

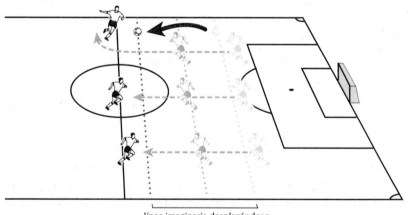

línea imaginaria desplazándose

—¿Es fundamental ganar el mediocampo? (VÍCTOR HUGO)

—Hoy por hoy la posición fundamental en el fútbol es la de volante central, porque de ahí parte el ordenamiento para recuperar y manejar el balón. Y no es extraño que a muchos jugadores de gran técnica los estén poniendo a jugar en esa posición, como el caso de Verón o Cambiasso. (PERFUMO)

—¿Qué es lo que tiene que hacer un volante central? (VÍCTOR HUGO)

—Lo primero que tengo que hacer como volante central es tratar de que el rival que tiene la pelota juegue como yo quiero. (PERFUMO)

—¿Cómo se consigue eso? (VÍCTOR HUGO)

—Tratando de que no tenga espacio. Si es un jugador que tiene buena pegada, tengo que tratar de quitarle el panorama para que no pueda meter el pase largo y que no tenga la visión periférica para hacer un pase corto. Si es un jugador muy habilidoso, gambeteador, hay que tratar de que el juego se vuelque hacia su pierna menos hábil. Muchas veces el volante central sabe que no va a quitar, pero le deja el robo de pelota preparado para el defensor que viene desde atrás. Es muy importante lo que te hable el zaguero desde atrás, porque te ubica: «Está para la derecha, te picó a la izquierda»… (PERFUMO)

—Las líneas de atrás gobiernan a las de adelante. (VÍCTOR HUGO)

—Sí, es fundamental. Si los zagueros son mudos, es mucho más difícil ubicarte bien. Y en esta posición es clave estar siempre bien ubicado, porque a partir de la ubicación del volante central se ordena todo el equipo; es como un eje. (PERFUMO)

EL FÚTBOL SEGÚN MATURANA

El entrenador colombiano Francisco «Pacho» Maturana
nos visitó siendo técnico de Colón de Santa Fe,
marzo de 2004

—*Normalmente en el fútbol se toma como punto de referencia a un equipo que ganó algo importante. Y casi siempre, en el gran escenario, el punto de referencia es el último campeón del mundo. El último campeón del mundo es Brasil, y Brasil junto con otros dos equipos fueron los únicos que jugaron el Mundial defendiendo con línea de cinco.* (MATURANA)

—Coincido totalmente. Porque nadie dice que Brasil ganó el Mundial defendiendo con línea de cinco. (PERFUMO)

—*Entonces uno piensa que el mensaje está claro, la clave es jugar con línea de cinco. Pero resulta que otra de las selecciones que defendió con línea de cinco en el Mundial fue la de Arabia, que no hizo ningún gol, le hicieron muchos y quedó última. Entonces, la verdad pasa por los jugadores.* (MATURANA)

—La verdad pasa por los jugadores dotados de técnica, pero adaptados a una táctica. (PERFUMO)

—*Por ejemplo, creo que la discusión de la línea de tres, de cuatro o de cinco es para enriquecer al fútbol a través de la misma discusión, porque en la práctica hoy por hoy se maneja la flexibilidad, o sea que en un momento determinado, de partido a partido o dentro del mismo partido, vos podés jugar con línea de tres, de cuatro o como desees.* (MATURANA)

—Totalmente de acuerdo. (PERFUMO)

—*Particularmente, me gusta la línea de cuatro, porque yo quiero que esa línea sea los brazos del equipo, porque mis laterales pasan al ataque.* (MATURANA)

—Es buena esa imagen de los brazos del equipo, abriéndose por las bandas y avanzando. (PERFUMO)

—Yo creo que jugar con cuatro en el fondo le quita a la cocina de la mitad de la cancha algún jugador, en la posición de arranque, por lo menos. (VÍCTOR HUGO)

—*Es que la dinámica del fútbol actual no admite esos esquemas rígidos. Si vos estás en el palco viendo un equipo con cuatro atrás, ese equipo está listo, está perdido. La línea de cuatro es un punto de partida, después el balón determina la conducta y un equipo que tiene el balón no puede tener cuatro atrás. Por eso digo que está perdido, no se adapta al juego, es rígido. Y no adaptarse al juego es perder.* (MATURANA)

Técnico patrocinador

—El técnico es el que elige los jugadores, el que los motiva, el que los ordena, el que les da un mensaje de ser más o menos ofensivos..., ¿qué más? (VÍCTOR HUGO)

—*Primero, el técnico es un patrocinador, porque tú puedes animar a un futbolista todo el día, pero si no tiene condiciones no pasa nada.* (MATURANA)

—Es muy cierto, pero yo me refería a jugadores profesionales que se supone que tienen condiciones. (VÍCTOR HUGO)

—¿Y el fútbol argentino? (PERFUMO)

—*Es muy competitivo, cada partido es a muerte. Y uno lo ve en los técnicos y en los jugadores. El empate no sirve acá, todos piensan en ganar. El empate llega como producto de algunas incapacidades o algunas virtudes, pero no como una estrategia. Aquí se juega con el cuchillo entre los dientes.* (MATURANA)

—*Sí, en Argentina hay que jugar así. Con el cuchillo entre los dientes todo el partido.* (FALCIONI)

—¿No es así en Colombia? (VÍCTOR HUGO)

—*No, en Colombia todavía hay espacio para el túnel, para el sombrero, para caminar. Acá no hay espacio para caminar, acá es difícil que un lateral tire un túnel, porque está arriesgando la seguridad del equipo. Pero en Colombia aún se puede. Cuando aprendamos a jugar con este ritmo argentino vamos a dar un saltico de calidad.* (MATURANA)

—La verticalidad se da de patadas con el fútbol de toque corto horizontal, ¿no? (PERFUMO)

—*Eso va de la mano de la inteligencia y la paciencia, porque la gente muchas veces confunde verticalidad con prisa. Si tenemos como rival a un equipo que se acomoda atrás, nosotros no podemos ser verticales, hay que desacomodar esa figura. ¿Cómo la desacomodás?, tocando de un lado hacia otro y en el momento justo, verticalizás.* (MATURANA)

—Ése sería el pase gol de Valderrama. Después de tocar mucho, sale la puñalada. (PERFUMO)

—*El peligro es caer en la angustia de la gente o no tener la convicción firme de que hay que verticalizar no cuando la afición diga, sino cuando uno vea la posibilidad.* (MATURANA)

—Para mí hay un elemento muy importante en el juego: la sorpresa para meter el pase gol. (PERFUMO)

—*Creo que, en general, ya no hay sorpresas porque hay demasiada concentración, y la sorpresa se genera o cuando encontrás a un equipo dormido o cuando distraés por un lado y sorprendés por el otro, pero eso aquí no se hace mucho. Por donde van, van. Terminan la jugada por donde la empiezan.* (MATURANA) *(Véanse gráficos de la página siguiente)*

**Fútbol horizontal
paralelo a la línea de mediocampo**

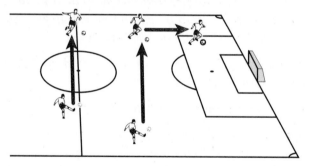

**Fútbol vertical
paralelo a la línea de banda**

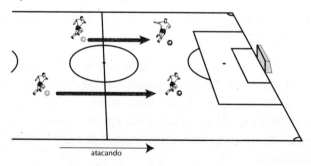

atacando

Pelotazos, festejos y cámaras de TV

Osvaldo «Chiche» Sosa, Claudio Borghi
y el periodista Osvaldo Wehbe, septiembre de 2004

—*El fútbol ha cambiado muchísimo, sobre todo en Argentina. Porque uno ve los partidos de Inglaterra, por ejemplo, y hay una tranquilidad que no existe acá. Acá un equipo va ganando 1-0 y en los últimos quince minutos no se ve más fútbol, es todo a la carga Barracas, es todo centro y centro. El que gana, defiende, y el que va perdiendo, ataca. Pero no solamente lo hacen los equipos chicos, los grandes también.* (Sosa)

—*A mí me preocupan las formas que se utilizan en el fútbol de hoy, donde se empiezan a valorar pequeñas cosas: un punto, un partido ganado de carambola en el último minuto. Y uno se convence de que está bien, y en realidad no está bien.* (Borghi)

—*Antes, el delantero jugaba la pelota hacia el volante central, el volante central al zaguero y el zaguero salía jugando... y la gente estaba tranquila. Hoy por hoy, si un volante se la da al primer zaguero, el primer zaguero al segundo zaguero y éste al lateral izquierdo, la gente empieza «uuuhhh», el murmullo. Entonces, ¿qué se ve? Que la agarra el zaguero central, pum, pelotazo... la agarra el lateral, pum, pelotazo... La gente obliga también a jugar como se está jugando, somos todos culpables. La película la editamos entre todos.* (Sosa)

—*Está exacerbada la película de la impaciencia.* (Wehbe)

—La televisión ha cambiado algunos códigos. Ver el fútbol por televisión es un espectáculo más entretenido que ir a la cancha. La gente extraña que no le reiteren la jugada. Una amiga se sorprendió al ir a la cancha que después de los goles movían del medio. No sabía que esto ocurría. El público ya tiene más cultura televisiva que de estadio. (Víctor Hugo)

—*También digo que hay cosas patéticas del fútbol por televisión. Después de cada gol, la imagen siguiente es la del técnico con-*

trario o del hincha al que le acaban de hacer un gol a su equipo. (WEHBE)

—*Es como el noticiero. Todas las noticias son malas. No hay ninguna buena.* (SOSA)

—Nosotros pertenecemos a otro tiempo. A partir de los años '90 la televisión ha tenido una gravitación muy fuerte, se festejan los goles de una manera que no se festejaban en su tiempo, Claudio. (VÍCTOR HUGO)

—*Ahora se festeja más con la gente, con los carteles, con la televisión, que con los compañeros. Uno ve a veces hacer goles a jugadores que la empujan en la puerta del arco y lo festejan como si fuera el gol del siglo.* (BORGHI)

—*Los goles de penal no se festejaban tanto. Daba hasta cierta vergüenza.* (SOSA)

—Es cierto, Alfredo Di Stéfano dice que daba vergüenza festejar los goles de penal. (VÍCTOR HUGO)

—*Pero se festejan los goles en contra, ahora.* (WEHBE)

—*¡Es que cuesta tanto hacer un gol!* (SOSA)

La vorágine

—Claudio, ¿podría lucirse hoy un jugador de su característica técnica tanto como hace 15 años? (VÍCTOR HUGO)

—*Yo creo que más, porque no hay una gran cantidad de jugadores de mi estilo. Hoy, yo me pararía en el mediocampo, como en su último tiempo hizo Pipo Gorosito, distribuyendo la pelota y que los demás corran para todos lados. Hoy no hay de esos jugadores.* (BORGHI)

—*¿Y habría tiempo para eso?, porque da la impresión que el ida y vuelta de muchos de los pibes y el correteo hace que ese tiempo y medio que necesita un habilidoso no sea tan fácil de lograr.* (WEHBE)

—*Lo que yo digo es que evidentemente el jugador habilidoso no solamente es hábil, sino que también tiene que tener virtudes físicas para poder sustentar su habilidad. Mientras menos se tenga la pelota, mucho mejor. Hoy cualquier jugador necesita cinco toques para dominar la pelota, pero cuando un jugador hábil en dos toques ya controla el balón lo puede llegar a pasar bien.* (BORGHI)

—Creo que la diferencia puede estar en el traslado de la pelota. En épocas anteriores el que corría era el que no tenía la pelota, y el que tenía la pelota, pensaba. Y ahora es al revés: el que agarra la pelota la transporta diez, veinte, treinta metros hasta que choca... y los demás miran. (SOSA)

ALGUIEN LLORA, ALGUIEN SE RÍE

Los técnicos Jorge Higuaín y Juan José López, noviembre de 2003

—Yo no estoy muy de acuerdo con esos ademanes, gestos y simulaciones que hacen los jugadores adentro de la cancha, esa demanda de tarjetas pidiendo que el colega sea expulsado. (HIGUAÍN)

—El Negro Dolina dice que al fútbol lo televisan como a una telenovela, todos primeros planos: alguien llora, alguien se ríe... (PERFUMO)

—Alguien protesta... Siempre enfocan la cara que pone un jugador cuando le pegan o se erra un gol. Y eso ya el jugador lo maneja, y no estoy hablando sólo del jugador, los técnicos también, eh. Cuando se prende la lucecita roja de la cámara muchos empiezan a dar indicaciones. (J. J. LÓPEZ)

—¿No es una invasión que estén las cámaras y los micrófonos tan cerca en el techo de los bancos de suplentes, en los palos del arco? (PERFUMO)

—Pero a muchos muchachos les gusta. Yo siempre pienso que si te la pasás noventa minutos dando indicaciones, quiere decir que en la semana no hiciste nada. (HIGUAÍN)

La necesidad de disfrutar

Roberto Pompei y Mario Agustín Cejas,
15 de mayo de 2003

—*Te pregunto a vos como jugador, ¿es un* divertimento *el fútbol* *ahora?* (Cejas)

—*Yo, además de ser jugador de fútbol, soy amante del fútbol. Desde chico lo vivo así. Aunque desarrollo mi carrera como profesional, en muchos partidos disfruto. Lo tomo como un trabajo porque es mi medio de vida, el medio para alimentar a mis hijos, para forjar mi futuro, pero lo disfruto como jugador, porque no pierdo de vista que soy uno de los pocos que viven haciendo lo que les gusta.* (Pompei)

—*Antes la gente se divertía mucho más, gozaba más del espectáculo.* (Cejas)

—Es el cambio de la sociedad. El hincha exige que su equipo gane siempre. (Víctor Hugo)

—Y a través de esa exigencia desmedida deja de divertirse. Lo mismo le pasa al jugador dentro de la cancha. ¿Por qué ha de ser diferente el jugador si es un producto social como todos? (Perfumo)

—Pero no debemos aceptar fácilmente la idea de ganar como sea. Hay que combatirla. (Víctor Hugo)

—*Así es. Por ejemplo, mi viejo, en el '73, tenía cinco plateas en la cancha de Huracán para ver a ese gran equipo que dirigía Menotti y salió campeón. Hoy no creo que haya un hincha que pueda ir a ver un partido de otro equipo. Está bien que no hay equipos como aquél, porque iban de todos los clubes a verlo.* (Pompei)

—Argentinos Juniors, cuando jugaba Diego (Maradona), provocó un fenómeno parecido. (Víctor Hugo)

—Pero iban a ver al crack, no al equipo entero. (Perfumo)

Los dirigentes, la histeria y la táctica

Mauricio Macri y José María Aguilar

El 30 de mayo de 2003, previo a un superclásico, los presidentes de Boca y River hablaron del fútbol de hoy.

—*Hay una histeria generalizada por el resultado que no afecta únicamente al fútbol argentino.* (Aguilar)

—*Ese exitismo del hincha es parte de la diversión del fútbol, pero algunos grupos se lo creen demasiado, se ponen agresivos, presionan a los dirigentes y al técnico. La cosa de devorarnos técnicos que tenemos acá es de una inmadurez absoluta. Yo no digo que hagamos como en Inglaterra donde el equipo se va al descenso, la gente aplaude y al técnico le renuevan el contrato, pero esto de que a la tercera fecha ya empiezan a cambiar técnicos, no es racional.* (Macri)

—Este tema de los técnicos lo pueden parar dando el ejemplo ustedes, que son los presidentes de los dos equipos más grandes del país. (Perfumo)

—*Sí. En torno a esto se ha generado una cultura perversa, donde los medios tienen mucho que ver y donde el nivel de decisión se ha trasladado de una manera poco higiénica. Creo que el tratamiento personal y profesional que se le da a los técnicos es por lo menos irrespetuoso. Esas cuestiones superan el límite del fenómeno crítico.* (Aguilar)

Las tácticas y la individualidad

—¿Qué opinan de las tácticas? (Perfumo)

—*Honestamente mucho no creo en tanto fenómeno táctico. Creo que se ha ganado y se ha perdido con todos los dibujos y que lo único que verdaderamente es imposible de rebatir es la técnica del jugador y lo que esto significa. Uno creció con el 4-3-3, aquel sistema que está prácticamente extinguido, pero viendo al Brasil que ganó la Copa del Mundo me pregunto: ¿Ganó por el dibujo táctico o ga-nó porque tenía a Ronaldinho, Ronaldo, Rivaldo, Cafú y Roberto Carlos?* (AGUILAR)

—Por las dos cosas, porque tácticamente defendía muy bien. Primero, el cero en su arco, y después los de arriba soltaban las palomas. (PERFUMO)

—Está bien, pero yo estoy diciendo que en el fenómeno de la valoración hay una cuestión sobreexagerada sobre la táctica, la técnica del jugador es la que termina definiendo las calidades y las cualidades del juego. (AGUILAR)

—Pero dentro de un desorden táctico no sirve para nada. (PERFUMO)

—Estamos de acuerdo. Pero ésas son cuestiones básicas. (AGUILAR)

La actitud, la técnica y la táctica

—Es interesante analizar ideas contrapuestas que se usan juntas. Por ejemplo, a mí los equipos que juegan con línea de tres me dejan la sensación de que, efectivamente, suman a un jugador a la mitad de la cancha, que es donde se cocina el fútbol. Pero si no es líbero con stoppers, esa línea de tres da la sensación de que es más vulnerable. (VÍCTOR HUGO)

—Cuando vos jugás con tres atrás necesitás mucha concentración de los que tienen que ir y volver, porque si no, no se recompone la línea defensiva. Se distraen y te matan. Yo creo que a la táctica, además de la técnica del jugador, le pongo adelante la actitud. Hay futbolistas que cuanto más difícil es el partido, mejor juegan. Por eso digo que a mí me gusta que el jugador tenga actitud, personalidad, porque no se juega en la quinta de fin de semana, se juega ante sesenta mil personas en el estadio, y agregale la gente que ve el partido por televisión. (MACRI)

—Pero, Mauricio, la personalidad del jugador es como la que tenés que tener vos como presidente o como político, como padre. Eso es natural para sostener tu condición intelectual, física. Me parece que ustedes están relegando al tercer lugar lo táctico; y yo creo que actitud, técnica y táctica están las tres en primer lugar si querés tener un buen equipo. (Perfumo)

—Yo digo que se exagera con la táctica. Creo que hay una actitud frente al juego, que está acompañada por determinado dibujo y que en determinada circunstancia, ante la flaqueza que pueda tener tu individualidad, se fortifica con la solidez del equipo.

No creo que haya un dibujo mejor que otro, ni creo que ese dibujo te genere un valor absoluto con relación al contrario. (Aguilar)

—Además, si vos tenés al jugador que tiene la actitud y la técnica, tu equipo toma la iniciativa y propone el juego que más le conviene para ganar. (Macri)

La transformación táctica

Los ex futbolistas Juan Simón y Jorge Rinaldi,
6 de noviembre de 2003

—¿Se han producido cambios en el fútbol últimamente? (Víctor Hugo)

—Sí, se han producido cambios de sistemas. Yo jugué todavía con el famoso 4-3-3, con dos punteros bien abiertos, un nueve y un enganche. Ahora está muy poblado el mediocampo, no hay espacios, por eso hay tantas fricciones. (Simón)

—Yo creo que el tema de tantos volantes es por miedo. (Jorge Rinaldi)

—¿Cómo es eso? (Perfumo)

—Cuanto más volantes colocan los técnicos, más oxígeno tienen, aunque sea para asegurar un empate. (Jorge Rinaldi)

—Pero el empate ya no sirve, Jorge. (Víctor Hugo)

—En Argentina hay dos campeonatos paralelos. Unos equipos juegan con un promedio ridículo para no descender, y si ganan algunos partidos al comienzo del torneo, el punto les sirve. Otros equipos juegan por el campeonato y con el punto se quedan afuera. (Jorge Rinaldi)

—¿Pero no es mejor que esté más poblada la mitad de la cancha si esto implica que los equipos que presuntamente tienen menos material se adelanten más en el campo? Lo que a mí me gusta hoy día del fútbol es que los que tienen menos ya no defienden en la puerta del área como hace veinte años. (VÍCTOR HUGO)

—*Pero igual sigue habiendo mucho respeto por los equipos grandes.* (SIMÓN)

—*Yo pienso como Víctor Hugo, antes se metían más atrás los equipos que iban de visitante a la Bombonera o a la cancha de San Lorenzo, por ejemplo.* (JORGE RINALDI)

—*Con tantos volantes, podés presionar un poco más arriba, pero eso no quiere decir que salgas a jugar de igual a igual. De igual a igual juegan los que tienen similitudes de poderío. La historia indica, además, que los grandes son grandes porque hay una mayor exigencia. Y los equipos chicos que fueron campeones, fueron sólo excepciones.* (SIMÓN)

EL PIBE, LOS DIEZ Y EL BAILE

Carlos «El Pibe» Valderrama,
11 de noviembre de 2003

—¿Qué ha sido de la vida de los antiguos números diez? (VÍCTOR HUGO)

—*De esas características, sólo hay dos jugadores importantes en el mundo hoy: Zidane y Riquelme. Sólo quedan dos.* (VALDERRAMA)

—¿Se ha perdido esa posición en el fútbol? (VÍCTOR HUGO)

—*Ha cambiado, los sistemas han cambiado. Antes se utilizaba más esa posición, con un jugador que organizaba, que hacía la pausa. En este momento los técnicos no se arriesgan a jugar con un jugador así. Pienso que es una de las características que más se ha perdido en el fútbol.* (VALDERRAMA)

—Si dirigieras un equipo, ¿buscarías un diez tradicional? (PERFUMO)

—*Por supuesto que sí.* (VALDERRAMA)

—¿Cómo jugaría un equipo dirigido por Valderrama? (VÍCTOR HUGO)

—*Todo depende de las características de los jugadores que tenga.* (VALDERRAMA)

—¿Piensa adaptarse a eso, no tiene una idea previa? (VÍCTOR HUGO)

—*Tengo mi idea, pero si yo llego con mi idea y veo que los jugadores no tienen esas características, ¿qué hago? Me tengo que, forzosamente, adaptar a ellos.* (VALDERRAMA)

—¿Cuál es su sistema ideal? (VÍCTOR HUGO)

—*Yo me identifico con el 4-4-2, o con una variante puedo armar un 4-2-2-2.* (VALDERRAMA)

—Con el 4-2-2-2 jugaban ustedes en la selección de Colombia, dirigida por Maturana en 1993. (PERFUMO)

—*Exactamente.* (VALDERRAMA)

—¿Y le gustaría un equipo que presione? Porque yo no creo haber visto a ningún equipo colombiano aplicar demasiado la presión. (VÍCTOR HUGO)

—*Bueno, eso hay que cambiarlo.* (VALDERRAMA)

—¿Pero le gustaría? (VÍCTOR HUGO)

—*Claro que sí. Porque recuperamos la pelota más cerca del arco contrario. Pero una vez que se recupera la pelota hay que saber jugarla, porque hay muchos equipos que con la vorágine de la presión se confunden o no saben aquietar el ritmo.* (VALDERRAMA)

—Brasil salió campeón del último Mundial sin presionar en el campo rival. Por eso lo de presionar es tan relativo. Como vos decís, a veces es perjudicial. (PERFUMO)

—*Si tu equipo saca dos goles de ventaja, ahí es el momento de meter la pausa, de iniciar el baile, como decimos nosotros.* (VALDERRAMA)

AHORA, LA VIDA DEL DEFENSOR ES MÁS DIFÍCIL

Edgardo Bauza, actual entrenador y ex defensor,
noviembre de 2003

—Esto de los tres puntos ha sido lo mejor que le ha pasado al fútbol últimamente. (VÍCTOR HUGO)

—*Los últimos cambios de reglamento han sido muy buenos. Han ido en detrimento de los defensores, porque nosotros en nuestra época teníamos un reglamento que nos dejaba hacer muchas cosas que ahora no se pueden hacer. Por suerte esos cambios han beneficiado al juego.* (BAUZA)

—Un jugador amonestado porque agarró de la camiseta es un medio jugador. Le sacan la amarilla a los cinco minutos a un marcador central que tiene que ir permanentemente al choque, a la fricción, y ése es un jugador que baja un cincuenta por ciento su rendimiento. Nosotros podíamos agarrar, tirar de la camiseta, empujar, abrazar. Se hicieron estos cambios para que los partidos tengan más goles. (PERFUMO)

—*Pero a veces los partidos que tienen más goles no son buenos partidos.* (BAUZA)

CONSECUENCIAS

Carlos Navarro Montoya y Ricardo Gareca,
noviembre de 2003

—Cada vez es más difícil vulnerar defensas muy cerradas. No hay espacios, porque hay más velocidad, mejor condición física, y la cancha sigue midiendo lo mismo. Creo que efectivamente hay una imposibilidad, habría que buscar una inyección de otra naturaleza. (VÍCTOR HUGO)

—*No, yo creo que hay que reforzar el trabajo técnico. Con espacios reducidos y partidos friccionados, ¿quiénes definen?... los jugadores con gran técnica.* (NAVARRO MONTOYA)

—*El futbolista tendría que trabajar más en la técnica individual. Hoy se trabaja demasiado en la táctica y no tanto en la técnica. Tendríamos que volver un poco a ese trabajo que parece tan simple, de parar una pelota, saber amortiguarla.* (GARECA)

—*La técnica se tiene que trabajar en el fútbol infantil y en divisiones inferiores, para que cuando el jugador llega a primera división, el técnico no se tenga que estar preocupando, por ejemplo, de que un marcador central zurdo sepa cerrar con la pierna derecha cuando corresponde.* (NAVARRO MONTOYA)

—¿Y cómo va ese trabajo de base? (VÍCTOR HUGO)

—*Es preocupante, sobre todo en el fútbol infantil. Veo que a los chicos se los trata a veces como a pseudoprofesionales. Tienen una hora de entrenamiento en la que la mitad del tiempo se la pasan corriendo y la otra mitad hacen fútbol táctico, cuando los chicos deberían estar esa hora entrenando técnica, jugando.* (NAVARRO MONTOYA)

—Hasta parece perverso esto de apurar los tiempos de los niños. (PERFUMO)

—*Es perverso, porque hay una competencia feroz en el fútbol infantil, se le pagan sueldos a los técnicos para salir campeones, se les exige por demás a los chicos y al que no tiene demasiadas condiciones se lo deja de lado abruptamente cuando ese chico está en la etapa de jugar para divertirse. Es un excluido más, por eso es una perversidad.* (NAVARRO MONTOYA)

EL SILENCIO NO ES SALUD

Los jugadores de Newell's que días después ganarían el torneo Apertura 2004

Julián Maidana y Rubén Capria, noviembre de 2004

—¿Se habla en Newell's durante el partido o tenemos ese fútbol un poco mudo que se está dando en algunos casos? (VÍCTOR HUGO)

—*Sí, se habla bastante. Yo desde atrás estoy hablando permanentemente.* (MAIDANA)

—El hablar ayuda mucho a la concentración, mantiene alerta al compañero y al que habla también, porque se está obligando a sí mismo a ver más cosas de las que vería si estuviera callado. Yo no podría entender un fútbol mudo. (VÍCTOR HUGO)

—Es que al fútbol no se puede jugar mudo. Es vital para ordenarse. (PERFUMO)

—*Aparte sirve para darle una mano al compañero. Si lo ves que está de espaldas y se la van a sacar, lo alertás.* (CAPRIA)

—Muchas veces se ve que, efectivamente, al jugador que todo el estadio está viendo que lo van a anticipar, ningún compañero le avisa. Me parece que eso surge porque no siempre hay confianza entre los jugadores. (VÍCTOR HUGO)

—Y además, hay que saber leer el juego para hablar. Porque a la tercera cosa que decís mal, ya no te cree nadie. (PERFUMO)

—La gente siempre toma a mal las discusiones entre los compañeros y no es así. El hecho más notable es el de Hernán Díaz y Astrada, que daba vergüenza ajena ver cómo se peleaban, pero uno sabía que eran entrañables amigos, como la vida lo demuestra hoy. (VÍCTOR HUGO)

—Pienso que un equipo con jugadores que no hablan adentro de la cancha pelea el descenso. (PERFUMO)

UNA FÓRMULA

*José Yudica, Ariel «Pepi» Zapata y el periodista
Enrique Sacco, diciembre de 2004*

—*El fútbol de hoy es mucho más físico. La gente va a la cancha y dice: «No vi nada». ¿Y qué van a ver si hoy no te dejan pensar? Hoy es difícil jugar. Antes era más lindo el fútbol porque había más espacios. Vos gambeteabas a un tipo y el otro venía a los diez minutos. Hoy te rodean cinco.*

Hoy hay que estar preparado hasta para recibir patadas. (YU-DICA)

—Pero tendríamos que determinar qué es lo mejor, si un fútbol difícil y friccionado como el de hoy o el de años atrás donde tenías diez minutos para pensar. Además, a vos te marcaron tipos que pegaban fuerte y mucho. (PERFUMO)

—*Sí, pero los gambeteaba y ya no los veía más.* (YUDICA)

—¿Cuánto hay de físico, cuánto de técnica y cuánto de mental? (SACCO)

—*No sabría hablar de porcentajes, pero te puedo decir que en la mitad de la cancha es durísimo. Hay mucha fricción y cada pelota dividida es la vida.* (ZAPATA)

—¿Es el más fuerte el que se lleva la pelota en la mitad de la cancha o el más inteligente? (SACCO)

—*Hay que ser fuerte para la fricción y ganar la pelota, e inteligente y veloz mentalmente para jugarla bien y sacar ventajas.* (ZAPATA)

—*No hay dudas de que el distinto, el talentoso, es el que va a hacer la diferencia, pero tiene que estar bien preparado. ¿Ustedes saben quiénes son los vagos? Los que juegan de enganche, el diez que nunca quiere correr, los delanteros que nunca quieren bajar. Cuando uno logra que corran los de arriba y los que juegan bien al fútbol, se puede llegar a grandes cosas.* (YUDICA)

LA VISIÓN DE UN MAESTRO

*El entrenador Oscar Tabárez y un concepto
muy claro sobre el fútbol de hoy*

En un tiempo habíamos llegado a la conclusión, no demasiado explícita, pero conclusión al fin, de que la supuesta supremacía de los europeos estaba dada en que eran mejores físicamente, en que se preparaban mejor. Se le dio un espacio a la preparación física y luego vimos que se había exagerado bastante ese espacio. Y ahora, creo que en el afán de preparar colectivamente al equipo, hemos ido demasiado lejos y estamos legislando la mediocridad. En vez de jugar con las virtudes de los jugadores, estamos tratando de disimular sus carencias. Como la situación del fútbol actual, desde el punto de vista económico, impone que jugadores cada vez más jóvenes lleguen a primera división, no hay tiempo para realizar los procesos correctamente, y a veces ponemos a trabajar en táctica colectiva a jugadores que no han terminado su preparación técnica.

Diego Simeone, marzo 2005

—¿Cómo ha sido el reencuentro con el fútbol argentino? ¿Cómo lo ve? (Víctor Hugo)

—*Lo veo bien. Todos hablan de un fútbol muy rápido y yo creo que hay mucha conducción de pelota, más que rapidez. Al fútbol se juega rápido sin la pelota, no con ella. Yo veo que hay dos instancias: un equipo que defiende, uno que ataca y en el medio son todos correcaminos con la pelota. Entonces, cerca de las dos áreas hay pocos espacios, pero en el mediocampo hay grandes espacios para poder pensar y evidentemente los equipos que tienen jugadores distintos en ese sector hacen la diferencia.* (Simeone)

—En el fútbol argentino nos pasamos diciendo que en el mediocampo no hay lugar, y vos decís que sí hay lugar y que los jugadores argentinos conducen mucho la pelota. ¿Qué lo provoca? (Perfumo)

—*Creo que la exagerada conducción se debe a que no se piensa rápido, y un poco a la cultura futbolística del argentino. El jugador argentino tiende a parar la pelota y tratar de eludir al rival, y a veces la solución más rápida es hacer un pase bien dado y con eso ganás juego y movilidad.* (Simeone)

—¿A usted le toca quedarse con la pelota más de lo que quisiera? (Víctor Hugo)

—*Bueno, la verdad es que no me vendría mal* (risas). *Pero creo que sí, que los volantes centrales tienen un tiempo más para pensar que los volantes por los costados y los delanteros.* (Simeone)

—¿Por qué tienen más tiempo para pensar? (PERFUMO)

—*Porque los delanteros tienen una tendencia menos defensiva que en otras ligas y los llamados mediapuntas contrarios hacen el trabajo de ir acomodándose para atacar cuando el equipo defiende; eso hace que el volante central quede solo.* (SIMEONE)

—En la concentración mental se falla bastante en el fútbol argentino y es un tema muy importante. (VÍCTOR HUGO)

—*Decisivo. Los equipos diferentes son los que mantienen la concentración. Los que suelen ganar seguido son los que mantienen esa concentración, que es lo más difícil porque uno gana dos partidos y se relaja naturalmente. Los equipos que tienen jugadores diferentes son los que no se relajan.* (SIMEONE)

—¿Hay razones para distraerse o hay malas lecturas de las jugadas? (PERFUMO)

—*Hay mala lectura de los partidos. Hay partidos en los que se va ganando y ese relajamiento te precipita a que en una jugada tal vez te empaten y ahí entran los miedos y la decepción. También influye el tema de la jugada para la foto. En el fútbol lo principal es ganar, pero todos actuamos dentro del partido y una forma de actuar es divertirse.* (SIMEONE)

—Pero divertirse no es perder la seriedad. (VÍCTOR HUGO)

—*Ahí viene el momento. El ambiente te contagia, está todo muy bien en el partido y eso te lleva a hacer algo más, y ahí viene el problema.* (SIMEONE)

—Y el rival se agranda y se transforma en un gigante. (PERFUMO)

—*Es que el rival está esperando eso, que vos le des la posibilidad de que se vuelva a meter en el partido. Cuando vos se la diste, él tiene la fuerza que le da el saber que no tiene nada que perder, en cambio vos tenías el partido ganado y ahora tenés todas las obligaciones encima.* (SIMEONE)

*Al respecto, Alberto Fanesi, entrenador de Vélez,
decía tiempo después*

Lo ideal para un futbolista joven es llegar a un equipo constitui-
do, para que durante la meseta que recorre a partir de su debut, sepa que él no es el protagonista. Está al lado de futbolistas consagra-
dos, aprende, los acompaña, se va formando, y recorre esa meseta
sin protagonismos que lo perturben. Y en el momento oportuno, ya
maduro, alcanzará el protagonismo. Hoy, el futbolista que debuta
tiene que quedarse en el equipo y hacerse cargo de las situaciones
difíciles. Y en el noventa por ciento de los casos, está crudo para eso.
Aún es una fruta verde.

Las frases

«Si hoy no corren todos, por más que sean grandes futbolistas no pueden jugar.»

ÁNGEL TULIO ZOF

«Los jugadores viven muy tensionados. En las prácticas le viene una pelota por el aire, la bajan y siguen jugando tranquilamente, y en el partido, a veces no les sale porque la paran con el cuerpo duro por la tensión y la pelota se les escapa.»

OSVALDO «CHICHE» SOSA

«Hay que apuntar a que los jugadores jueguen bien, no a que corran bien solamente, porque si no nadie hace la diferencia. Todos corren los cien metros en once segundos, todos saltan dos metros cincuenta, y así es una pelea muy pareja. Pero son pocos los que inventan un gran pase y tiran un buen centro con precisión.»

JORGE SOLARI

«Tengo la sensación de que los equipos candidatos a ganar un campeonato, cuanto más se acercan a la meta empeoran el rendimiento. El Independiente que dirigía Gallego arrasaba en las primeras fechas, pero en las últimas cinco jugó bastante mal. Al último equipo de Ramón Díaz le pasó lo mismo, y al Racing de Mostaza Merlo también. Parece que cuando se va alcanzando el objetivo va decayendo el rendimiento a propósito de la presión que se siente y del temor a perder la gran chance.»

JOSÉ MARÍA AGUILAR

«No hay mucho desequilibrio hoy en el fútbol, por eso los que desequilibran valen tanto y se van tan rápidamente. Y ése es un problema, porque se van rápido y no tenemos ejemplos. Los jóvenes tienen cada vez menos espejos donde mirarse.»

EMILIO COMISSO

«Yo le exigía al River de Veira, después de que se fue Francescoli, que hiciera una gran actuación, me debía un gran partido. Un día me lo encontré al Nano Areán, que era el ayudante del Bambino y le hice el reclamo. Me dijo: "El día que la AFA reparta signos de admiración vamos a cumplir con tu exigencia, pero por ahora sólo reparte puntos".»

ALEJANDRO APO

Una propuesta

«Hay muchas cosas que en los equipos argentinos no se analizan como debieran porque falta una figura, que debe ser la del secretario técnico. Como este cargo casi no existe, las decisiones en cuanto a la incorporación de los jugadores son del entrenador y ese entrenador elige a los jugadores en beneficio del equipo, pero según su exclusiva opinión. Ahora, cuando el entrenador se va a la mitad del campeonato, ahí queda un vacío o un entrenador nuevo con los jugadores que le gustaban al anterior.»

CARLOS MAC ALLISTER

Momentos

El viento

—Su padre lo inició en el fútbol y usted lo perdió a los trece años. No quiero que signifique ni por asomo un golpe bajo, pero qué pena que toda la vida anduvo por el mundo con tantas satisfacciones y éxitos y que su papá no lo haya podido ver. (VÍCTOR HUGO)

—*Yo creo que mi padre me vio. Siempre digo que mi viejo tenía un palco guardado en el Bernabeu, en el Meazza y en todos los estadios en los que me ha tocado jugar.* (IVÁN ZAMORANO)

—Jugabas para él. (PERFUMO)

—*Tengo la idea de que mi padre fue como el viento: uno no lo ve, pero lo siente.* (IVÁN ZAMORANO)

Grillo

—Cuando vos jugabas, ¿a quién te querías parecer? (PERFUMO)

—*A Ernesto Grillo.** (ALEJANDRO DOLINA)

—¡Qué casualidad!, vos sabés que yo en ese momento era un hincha muy fanático de Racing, y cuando Racing salía de Avellaneda yo iba a la cancha de Independiente a ver a Grillo. No me acuerdo de los compañeros, sólo de él. (PERFUMO)

---

* Mención homenaje: Ernesto Grillo. Fantástico entreala izquierdo. Selección Argentina, Independiente, Milan (Italia) y Boca Juniors.

Capítulo 4

El juego

Ahí está todo: una esperanza diferente de todas las esperanzas porque se vuelve real cada vez y cada domingo, un acto de encanto individual y colectivo, una pasión en la que a veces cabe y a veces no cabe la razón, un arte lleno de fuerza, una fuerza que no sólo brota de los cuerpos, unos cuerpos empujados por la intuición y por la inteligencia, una intuición y una inteligencia que no funcionan si no tienen detrás el corazón. Eso es el juego. Eso es el fútbol. De nuevo: ahí está todo.

*Falta ser amante de la pelota, dormir con ella, así en la cancha
la tratás mejor. Hoy veo que la desprecian, que la tratan
como a una mina cualquiera.*
ROBERTO PERFUMO

No se puede hablar de táctica si no tenés técnica.
CARLOS BILARDO

En nuestro programa el objetivo central es hablar del juego, de lo que ocurre dentro del campo, el sitio donde mueren las palabras. Vamos, entremos a la cancha…

EL RESULTADO A FAVOR Y EL CONTAGIO

*Osvaldo Ardiles y Jorge Burruchaga,
10 de abril de 2003*

—Va a sonar feo lo que voy a decir, pero cuando el rival está en el suelo y pierde por dos goles o tres, hay que tratar de hacerle seis. Me parece que es mucho mejor que la idea de defender el o los goles. Pizzuti decía eso. En verdad, lo decía de una manera más pesada. Pero hay que tener cuidado, porque por ahí el rival revive… y es como un león herido. (PERFUMO)

—Es una cuestión psicológica. En el tenis ocurre mucho; hay un jugador que tiene el partido ganado, afloja un poco, el rival crece y después es muy difícil retomar el protagonismo que se tenía. (VÍCTOR HUGO)

—Hay una ecuación que se produce: yo me achico, el rival se agranda. (PERFUMO)

—*Si nuestro equipo va ganando dos a cero y te convierten un gol, el factor psicológico positivo pasa a estar del lado del otro equipo. Sin duda.* (ARDILES)

—*Contrariamente a lo que usted dice, Víctor Hugo, en el tenis es uno contra uno. Pero en el fútbol es el arquero y los diez que están adentro contra otros once, y hay que tratar de reunir a todos bajo el mismo pensamiento. Y por ahí hay dos o tres que dicen «vamos para adelante» y dos o tres que dicen «vamos a aguantarlo». Ahí está la dificultad del fútbol y sobre todo cuando hay diferencias así. Por eso es tan cambiante un partido.* (BURRUCHAGA)

—*Es una situación de contagio. Tal vez el equipo está muerto y uno de los jugadores empieza a resucitar a los demás, luego otro se suma y así se levanta una situación negativa.* (ARDILES)

—Es muy interesante eso del contagio. Hay rachas que tienen los equipos, que de pronto están jugando bien y en diez minutos todos están jugando mal y nadie se salva. (VÍCTOR HUGO)

—Porque viene la epidemia. Cuando vienen los malos pases es una epidemia, empiezan todos a dar malos pases, a dudar. Se pierde la confianza colectiva. El equipo piensa que no puede... y no puede. (PERFUMO)

EL FÚTBOL DE HOY

Enzo Francescoli, 18 de noviembre de 2004

Sin offside

—¿Cómo ves la calidad del fútbol que se juega hoy? (VÍCTOR HUGO)

—*Es un fútbol más intenso en lo físico, por eso hoy el jugador tiene que ser un profesional con todas las letras. Para el espectador es más difícil sentarse en una tribuna o frente al televisor y encontrar un partido que lo haga disfrutar con una jugada detrás de otra de esas que gustan, con paredes y caños. La verdad es que cada vez el espacio es menor y la preparación física es mayor.* (FRANCESCOLI)

—¿Y qué se podría hacer para solucionarlo desde el reglamento? (VÍCTOR HUGO)

—*Pienso, modestamente, que quitando la ley del offside se po-*

dría mejorar el juego. Creo que se solucionaría el problema de espacios, porque los equipos estarían obligados a estar más alargados en el campo, ya que los defensores no podrían achicar a los delanteros contrarios hasta la mitad de cancha cuando su equipo está atacando. Esto cambiaría el juego abruptamente. (FRANCESCOLI)

El desmarque y la violencia en el juego

—Hace años que no escucho el elogio «qué bien se desmarca». Antes era un elogio habitual. (VÍCTOR HUGO)

—*Es que ahora no hay casi adónde ir dentro de la cancha. Otra cosa que se decía mucho era: «Qué buen jugador, te saca el metro y te mata». Ahora no pasa más, porque cuando sacás el metro, al metro siguiente tenés otro marcador. Esto ha complicado mucho el juego.* (FRANCESCOLI)

—A mí me gusta más el fútbol de hoy. El que yo jugaba era uno contra uno y además era bastante más violento. Para que te amonestaran o te expulsaran tenía que haber sangre. (PERFUMO)

—*En los ochenta era mucho más duro. En Eliminatorias o Copa Libertadores, había que jugar, eh. Y había que ir a los córners. Después aparecieron las quince cámaras en las canchas y ahora prácticamente ya nadie se pega. Todo está más vigilado.* (FRANCESCOLI)

EL JUEGO, SEGÚN BILARDO

22 de noviembre de 2004

—¿Por qué se juega así hoy? (VÍCTOR HUGO)

—*Porque a estos jugadores no les enseñaron a jugar. De tres cuartos de campo hacia adelante es muy difícil ver tres pases seguidos.* (BILARDO)

—¿Quién no les enseñó, la sociedad? Yo creo que sí, porque el futbolista es un espejo del ámbito social. Nosotros fuimos autodidactos porque tuvimos la posibilidad del potrero en una sociedad diferente. Y yo te pregunto, Carlos, ¿es tan fácil enseñar fútbol? (PERFUMO)

—*Sí. Todo se aprende. Pongamos un ejemplo claro: si a una persona le amputan el brazo derecho, va a aprender a escribir con el izquierdo, y si le amputan también el izquierdo va a aprender a escribir con los pies. Entonces, yo digo que hay que trabajar, hay que enseñar. Lo que pasa es que todos piensan en el presente, y en el fútbol hay dos estados diferentes: el presente, que es ganar el domingo, es fundamental... y el futuro, que ya es otra cosa.* (BILARDO)

—Sería bueno preguntarse si es lo mismo aprender jugando que aprender compitiendo. Por ejemplo, ¿en qué período se le puede empezar a hablar de táctica a un chico? (PERFUMO)

—*Hasta los 16 años al chico se le tiene que enseñar pura técnica; a partir de ahí sí le enseñás la gran táctica para después ir a aprendizajes más finos.* (BILARDO)

—Los chicos hoy no tienen tanto contacto con la pelota. (VÍCTOR HUGO)

—*Exactamente. En nuestra época jugábamos todos los días. Pero ahora no hay espacios para jugar en las grandes ciudades.* (BILARDO)

—Y por otra parte existe una competencia muy dura con los otros deportes. (VÍCTOR HUGO)

Es o se hace

—*Yo tengo todos los recortes. En los diarios decían: «El jugador nace»... y yo decía: «El jugador nace y se hace».* (BILARDO)

—En algún plano ofende al intelecto que tengamos que insistir con esto de que el jugador nace y se hace, parece mentira a esta altura de los acontecimientos. Como cuando se discutía si aplicar la táctica era bueno o malo, esto creo que ya ha sido superado. A mí me daba vergüenza intelectual observar que en el basquetbol de los Estados Unidos el técnico de un equipo tiene la obligación de darle los videos con los últimos cinco partidos al técnico que lo va a enfrentar, para que los estudie y elija la táctica adecuada. Y mientras tanto aquí discutíamos si se tenía que jugar utilizando la táctica o no. (Víctor Hugo)

—*Es así. Igualmente, no se puede hablar de táctica si no tenés técnica.* (Bilardo)

—De acuerdo, si no tocás bien el instrumento, no tocás en ninguna orquesta. Pero yo tengo miedo de que el chico se aburra con la táctica a los doce o trece años. (Perfumo)

—*Es que a esa edad tiene que seguir mejorando la técnica, el niño quiere la pelota. Mirá, a los seis años todavía tiene el sentido de posesión, quiere la pelota él. Entonces vos hacés un partido y van todos detrás de la pelota. Inclusive hay chicos que se sientan en la cancha, los padres les gritan que corran, que vayan a jugar, pero hay que dejarlos hacer lo que ellos quieran. ¿Se quiere sentar?... que se siente. A medida que pasan los años, el joven aprende a trabajar progresivamente en equipo.* (Bilardo)

Así en el video game, como en la cancha

—Los jugadores que llegan, lo hacen dando muchas ventajas en su formación. Parece como que les cuesta hacerse amigos de la pelota. (Víctor Hugo)

—*Sí. Hoy los relatores dicen: «Le quiso dar un pase a un compañero que estaba a un metro y se la dio a un rival». Eso es lo normal, si no se practica como se debiera. En la época de las discusiones, yo decía: Guillermo Vilas practica seis horas por día para poner la pelota en un rinconcito de la cancha, Roberto De Vicenzo practica seis horas por día para embocar la pelota en el agujerito, y la mayoría de los futbolistas no tienen ese profesionalismo. Pasa eso porque los futbolistas jóvenes no saben lo que tienen en la mano, el fútbol es oro. A mí me tocó vivirlo como técnico de Estudiantes. Estábamos concentrados y yo estaba viendo un partido que estaban dando por televisión, y de otra habitación escucho «gooool». Fui a ver porque pensé que había otro partido, pero cuando entré vi que estaban jugando un partido, pero a los videos games... mientras tanto había un partido del campeonato argentino que se estaba jugando. Es así.* (Bilardo)

—¿Es verdad que cuando entraste uno de los jugadores que estaba jugando a los jueguitos se distrajo y le metieron el gol y vos le dijiste: «En la cancha te pasa lo mismo»? (Víctor Hugo)

—*Sí... (risas), era el pobre Carrusca.* (Bilardo)

Salir de la mala racha

El director técnico Carlos Aimar y el volante
central de San Lorenzo Pablo Michelini,
el 21 de abril de 2003

—En tu libro «Jugar al fútbol», Roberto, vos decís algo sobre cómo un equipo se tiene que recuperar de una racha adversa. El que viene de perder cinco partidos, tiene como primer paso que empatar, aunque sea 0-0. Dos empates y después ganar 1-0. (Víctor Hugo)

—*Timoteo (Griguol) siempre decía eso. «Si perdiste una vez, no tenés que perder el otro partido». Porque después perdés, perdés, y parece que no podés ganar nunca. Te desesperás para poder ganar, y perdés.* (Aimar)

—*Es la confianza y la desconfianza. Cuando tenés desconfianza empezás a dudar de tu funcionamiento, entonces se crea un clima difícil para el equipo, y para el grupo.* (Michelini)

—...Y aparecen los mufas, los que traen mala suerte *(risas)* (Perfumo)

—El fútbol es un estado de ánimo... (Víctor Hugo)

—*No el fútbol, la vida es un estado de ánimo.* (Aimar)

La protección de la pelota

—*El Beto Márcico nos decía, cuando lo teníamos en Ferro, que él quería que lo encimaran hombre a hombre para poder usar los brazos.* (Aimar)

—El Beto era un maestro para proteger la pelota. (Víctor Hugo)

—*De acuerdo a eso, nosotros con Carlos Griguol ensayábamos con los defensores y les decíamos que si tenían un jugador que se les tiraba encima no lo encimaran, que se separaran del cuerpo.* (Aimar)

—Tal cual. (Perfumo)

—*Tenés que dejarlo, porque él busca, busca... y si no tiene en quién apoyarse se le hace más difícil.* (Aimar)

—¿Cuántos foules cometen los defensores por eso? Ahora, hay que ser guapo para proteger la pelota como lo hacen el Beto Acosta o Tévez, porque se reciben golpes de los que realmente duelen. (Víctor Hugo)

—Pero cuidado, que si el defensor se aleja mucho, el delantero se da vuelta y te encara o puede dar el pase. (Perfumo)

—*Sí, tiene que estar a un metro de distancia para que cuando él gire vos estés encima y lo puedas ahogar, para que no te encare de frente.* (Michelini)

—*Lo que no tenés que dejar es que él se te tire encima para trabajarte con los brazos. Vos no tenés que servirle de referente, ni de apoyo.* (Aimar)

En octubre de 2004, Alberto Acosta habló de sus métodos para proteger la pelota

—¿Qué errores cometen los defensores cuando marcan a los delanteros de las características que usted tenía? (Víctor Hugo)

—*A veces querían anticiparme, y para mí jugar con un defensor pegado al cuerpo era mucho más fácil, porque yo lo podía dar vuelta a él. Yo abría los brazos, ellos se empecinaban en querer agarrarme y me cometían faltas. Y si no, yo los podía dar vuelta, girando, llevándolos con los brazos.* (Acosta)

—¿Te apoyabas en el defensor? (Perfumo)

—*Sí, por supuesto. Pero yo me apoyaba con un solo brazo, ahora los delanteros tienden a agarrarse con los dos y el foul en ataque se aprecia más y además anula la jugada.* (Acosta)

—Entonces, si lo querían anticipar, a usted le convenía. ¿Y qué otra cosa le convenía para su juego? (VÍCTOR HUGO)

—*Los defensores, a veces, se encandilan con la pelota. En los centros, a mí siempre me gustó ir a buscar al segundo palo. Nunca iba a buscar al primero, porque el defensor mira mucho más la pelota y yo la iba a ir a buscar con más posibilidades.* (ACOSTA)

—Lo que pasa, Beto, es que el defensor mira la pelota para ir hacia ella y vos lo mirás a él para quedar solo. (PERFUMO)

—¿Jugó en algún equipo como único delantero? (VÍCTOR HUGO)

—*Sí, varias veces.* (ACOSTA)

—¿Y cómo hacías? (PERFUMO)

—*Me movía por todo el frente de ataque. Muchas veces me encantaba jugar solo, porque jugar en un equipo donde te llegan centros de todos lados, es lindo, iba de acuerdo con mi ambición.* (ACOSTA)

—Expliquemos qué es moverse por todo el frente de ataque. (VÍCTOR HUGO)

—Es un movimiento en diagonal u horizontal hacia el lado donde está la pelota. El delantero tiene que estar cerca de ella porque si no queda aislado. Tiene que situarse desde el medio de la cancha hacia el sitio donde está la pelota. (PERFUMO)

LA DEFINICIÓN EN EL ÁREA RIVAL

Antonio Alzamendi y Carlos Ischia, abril de 2004

—*Yo erraba goles porque venía a ciento veinte kilómetros por hora y a esa misma velocidad terminaba la jugada. Luego, tuve la suerte de tenerlo a José Omar Pastoriza, que se quedaba conmigo después de los entrenamientos y me explicaba que cuando yo enfrentara al arquero, me tomara mi tiempo para pensar tranquilo. Me pedía calma.* (ALZAMENDI)

—Qué interesante ese trabajo de Pastoriza para que aprendieras a hacer la pausa frente al arquero. ¿Y te sirvió? (VÍCTOR HUGO)

—*Claro que me sirvió. Cuando yo enfrentaba al arquero me acordaba de eso y trataba de ser paciente. Y hay una cosa importante: cuando el arquero ya se te paró enfrente es más difícil, hay que patearle cuando viene saliendo, cuando viene caminando hacia adelante.* (ALZAMENDI)

—Este detalle que acabás de dar es importantísimo para la buena definición. Antonio, ¿no te pasaba que para no errarle al arco buscabas como referente al arquero? (PERFUMO)

—*Siempre. Ése era un error que tenía, pero después aprendí a patear entre la pierna del arquero y el palo.* (ALZAMENDI)

**Entre el palo
y la pierna izquierda**

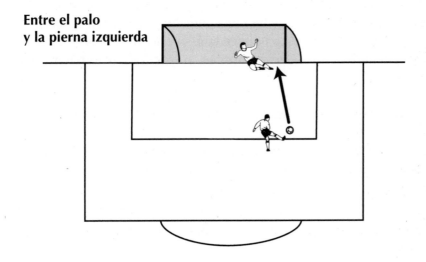

—Renato Cesarini decía que en el área siempre hay tiempo. (PERFUMO)

—*Además, en el área el delantero tiene una ventaja: si lo tocan es penal. Tiene que jugar con ese detalle a favor.* (ALZAMENDI)

—*Yo hablaba con Carlos Bianchi de este tema. Él me decía que le resultaba más fácil patear cuando quedaba frente al arquero, definir, y yo decía que para mí era mejor gambetearlo.* (ISCHIA)

—Lo que pasa es que ustedes tenían características diferentes. Él era un goleador y vos un armador. (PERFUMO)

—*Yo soy un convencido de que el goleador tiene que practicar constantemente para perfeccionar el tiro. Los jugadores de hoy creen que pateando diez veces ya aprendieron. Pero hay que hacerlo mil veces, todos los días, durante veinte años.* (ALZAMENDI)

—Estoy aprendiendo con ustedes una visión que es contraria a una convicción que tengo: para mí, la jugada de la definición es un instante único, irrepetible y sin antecedentes, en que el jugador enfrenta situaciones que son siempre distintas: la pelota pica un poco más alto, el arquero sale un poco más lento, el defensor cruza de otra manera... (VÍCTOR HUGO)

—Sucede que la práctica mejora la herramienta, aunque en el entrenamiento el arco te parezca enorme y en el partido chiquito. La práctica sirve porque te hace conocer las variantes que vos decís, y cuanto más de éstas conozcas, mayores chances tenés. (PERFUMO)

(Un mes después, Ricardo Bochini y José Raúl Iglesias)

—El secreto de Bochini era sacar un pie de adentro de su propio pie para tocar la pelota antes que el adversario. (VÍCTOR HUGO)

—*Sí, pero tenía que tener otras cosas. Tenía que ser rápido, esperar al compañero mejor ubicado, unas veces aligerar, otras hacer la pausa. Yo creo que lo más difícil del fútbol está en las áreas.* (BOCHINI)

—*Y en las áreas prevalece más la astucia que la fuerza. A veces veo a delanteros que entran al área, bajan la cabeza y le rompen el pecho al arquero. En el área hay que tener la astucia y la serenidad de apuntar al segundo palo abajo o al primer palo arriba, que son los puntos débiles de un arquero, cuando el delantero entra por el costado.* (IGLESIAS)

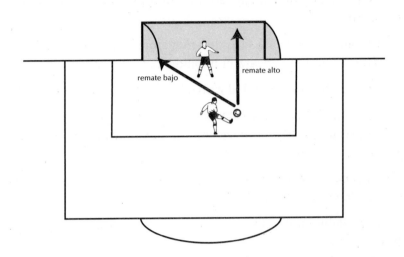

LOS ZAGUEROS

Juan Gómez, días después de su retiro, y Juan Manuel Herbella, zaguero de Quilmes, en agosto de 2004

El mano a mano y otros avatares

—¿Qué cosas le llaman la atención a los equipos de Europa de los zagueros argentinos? (VÍCTOR HUGO)

—*Yo creo que la personalidad por encima de todo. El temperamento del jugador argentino es especial.* (JUAN GÓMEZ)

—¿Pero qué sabe del puesto? (VÍCTOR HUGO)

—*El defensor en la Argentina ve mucho fútbol, y para un defensor es muy importante ver fútbol porque uno tiene que saber quién lo va a atacar, y es un hábito que acá se desarrolla y en otros países no tanto.* (HERBELLA)

—Mejora la lectura del juego, porque cuando vos empezás a ver la jugada del rival que está naciendo del otro lado, casi siempre termina como suponés. (PERFUMO)

—Sí, es verdad que el zaguero argentino ve muy bien el fútbol. (Víctor Hugo)

—El zaguero tiene una situación muy difícil que es el famoso mano a mano, cuando te encara el habilidoso. (Perfumo)

—¿Y qué dice el manual al respecto? (Víctor Hugo)

—El manual dice que si estás seguro de ganar en el anticipo, salís. Si no, reculás o te quedás esperando que te ataquen con menos espacio. (Perfumo)

—*Depende de cada uno y lo confiado que se sienta en cada jugada, también.* (Herbella)

—Pero debe haber algo que conviene hacer sobre otras cosas. (Víctor Hugo)

—*Creo que lo que debe hacer un zaguero, y que para mí es importantísimo, es tirarse al suelo sólo en el momento que sabe que no puede pasar de largo. Eso es algo que en la Argentina se hace mucho, se tiene mucho cuidado con eso.* (Herbella)

—Pizzuti me enseñó eso; me dijo: «Defensor que va al suelo no sirve más para nada», porque queda eliminado de la jugada. (Perfumo)

Lucas Alessandria, defensor de Lanús,
y Gabriel Amato, delantero de Banfield,
en octubre de 2004

Encadilamiento

—En los centros, ¿el defensor se encandila con la pelota como el bicho con el foco? (Perfumo)

—*Sí, hay veces que te lleva a perder la marca por mirar la trayectoria de la pelota. Yo lo tuve a Héctor Cúper y a Mario Gómez como técnicos y ellos trabajaban bien ese tema. Me enseñaron que siempre tenés que estar en contacto físico con el delantero para saber en la posición en que éste se encuentra.* (Alessandria)

—¿Tantearlo, palparlo? Como una pareja de baile. (PERFUMO)

—*Sí, porque el delantero puede moverse por detrás tuyo o por delante, pero vos siempre tenés la referencia de dónde está.* (ALESSANDRIA)

—Pero es indudable la atracción de la pelota para el defensor. (PERFUMO)

—*Claro, porque querés llegar antes que el rival. Y a veces esa ansiedad genera el descuido de la marca y perdés la posición de privilegio.* (ALESSANDRIA)

—Por eso, a veces en el área chica el defensor tiene que marcar de adelante. La teoría indica que se tiene que marcar de atrás, pero en algunos sectores se tiene que hacer de adelante, porque de otra manera el defensor no llega a tiempo, sobre todo en los centros cortos; el delantero te pone el cuerpo y te anticipa, no te deja pasar y patea él. (PERFUMO)

—*Y más ahora que patean los tiros libres con la pierna cambiada y por lo general el delantero intenta peinar la pelota. Si no le ganás la posición, aunque sea marcándolo de costado para anticiparlo, vas a perder siempre.* (ALESSANDRIA)

—Dentro del área chica siempre hay que marcar hombre a hombre. Es ley universal. (PERFUMO)

—Y la velocidad de la pelota toma importancia para el que va a buscar el anticipo. (VÍCTOR HUGO)

—*Los centros que vienen a media altura son muy complicados, porque el defensor siempre tiene que dar el primer paso para evitar que lo anticipen. Los centros que vienen en forma de globo son más sencillos porque el defensor puede estar mejor posicionado, tiene más tiempo porque la pelota tarda más en caer.* (ALESSANDRIA)

—Los peores centros son los que te caen a la altura de la cintura, no sabés si rechazarlo con el pie o con la cabeza. La única solución es tomar la decisión antes de que llegue la pelota. (PERFUMO)

Pelota parada

—La pelota parada está definiendo cada vez más cantidad de partidos, ¿no? (PERFUMO)

—*Sí, demasiado. Cada vez más se apuesta a las pelotas paradas, a centros salvadores.* (ALESSANDRIA)

—¿Te parece exagerado, como a mí? (PERFUMO)

—*Sí, porque se deja de lado el juego en sí, la jugada elaborada. Yo jugué en la segunda de España y allá es tremendo. Casi todos los equipos se paran de mitad de cancha hacia atrás, no atacan una vez y apuestan a un tiro libre cerca del área.* (ALESSANDRIA)

—*Sí, allá es directamente así: metés un gol y enseguida el otro equipo mete dos grandotes en tu área y te llena de centros desde todos lados.* (AMATO)

Marcar sin foul

—Usted estuvo treinta partidos sin ser amonestado. Un zaguero central al que no lo amonestan en esta cantidad de partidos tiene que tener una condición especial. Saber pelear por la pelota sin cometer foul es una gran virtud. ¿Cuál es el secreto? (VÍCTOR HUGO)

—*No hay secreto. Yo trato de no cometer faltas tontas; por ejemplo, cuando el delantero está de espaldas, porque uno va desesperado a querer quitar la pelota y el delantero, con oficio, genera una falta que pone a tu equipo en una situación complicada.* (ALESSANDRIA)

—Y en el área, ¿cómo hacés? Griguol, por ejemplo, dice que hay que saber sacar la pierna. (PERFUMO)

—*Sí, yo trabajé con Cúper, un discípulo de Griguol, que hacía mucho hincapié en esto. Cuando el delantero está de espaldas hay que tratar de que no se dé vuelta dentro del área, y cuando te encara, tratar de llevarlo para tu lado más favorable.* (ALESSANDRIA)

—Para eso, el defensor tiene que tener dominada la acción, para que cuando el delantero patee, él pueda sacar su pierna para obstaculizar o tapar el remate. (Perfumo)

—Creo que el secreto está en crear el hábito de marcar sin foul. (Víctor Hugo)

Mascherano quita sin faltas, septiembre de 2004

—No cometer faltas cuando quita, ¿es aptitud o preocupación suya? (Víctor Hugo)

—*Las dos cosas, porque creo que si uno hace un esfuerzo muy grande por llegar a la pelota y después termina cometiendo una falta, no sirve de nada.* (Mascherano)

—El que anticipa no comete faltas, porque no necesita llegar a la fricción. (Perfumo)

Otra visión de la marca

Arnulfo Valentierra, volante creativo
del Once Caldas, de Colombia,
días antes de ganar la Copa Libertadores 2004

—*Jugamos contra el Santos y el San Pablo en esta Libertadores y en los dos partidos me pusieron marca personal. Y aunque ganamos, no fui el conductor que todos conocen. Yo trataba de moverme creando espacios, pero no estoy acostumbrado a eso, a uno no le gusta que lo marquen así.* (Valentierra)

—Tenés que hacer el sacrificio de llevarte las marcas para que quede el espacio para un compañero tuyo. (Perfumo)

—*Sí, pero no estoy acostumbrado a eso porque nunca había sentido una marca así. De todas formas, uno de los goles que marcamos llegó por esa causa, un par de defensores se fueron conmigo y quedó el espacio para que mi compañero hiciera el gol.* (Valentierra)

—Creo que los equipos tienen que buscar de todas maneras al

más hábil aunque esté marcado, porque el primer objetivo que consiguen esas marcas personales es que le den mucho menos la pelota al jugador que sabe, porque sus compañeros ven que está marcado, entonces dan la vuelta y van por el otro lado. (VÍCTOR HUGO)

—*Pero todo depende del lugar de la cancha en el que esté. Si está cerca del arco contrario, uno se la puede dar, pero si está en la mitad de la cancha, puede perder fácilmente el balón y armar un contragolpe del rival con las complicaciones que eso representa, porque nuestro equipo está mal parado para volver a recuperar la pelota.* (VALENTIERRA)

—¿Te aburre la marca personal, te vas del partido? (PERFUMO)

—*No, no me aburre, pero uno se siente incómodo porque está acostumbrado a estar siempre con el balón.* (VALENTIERRA)

—Qué increíble que los brasileños le hagan marca personal al rival talentoso. Aquí en el fútbol argentino esto ha cambiado, la persecución personal ha perdido prestigio, me parece. (VÍCTOR HUGO)

—Lo que sucede es que tácticamente el escalonamiento para marcar terminó con la persecución individual. (PERFUMO)

MARCAR EN ATAQUE

Javier Sanguinetti, defensor de Banfield,
y Fernando «Nano» Areán, entrenador,
junio de 2003

—¿Cómo se marca cuando se ataca? (PERFUMO)

—*Normalmente se marca mal en ataque, por eso hay muchos goles de contragolpe, sobre todo en los córners a favor.* (SANGUINETTI)

—*Cuando mi equipo está atacando, mis jugadores no tienen que mirar el partido, tienen que mirar la nuca del contrario.* (AREÁN)

—Pero no es fácil mantener la concentración todo el tiempo. (PERFUMO)

—*Lo que pasa es que la pelota es un imán, te atrapa. Y cuando te distraés, ya perdiste cinco metros y es gol del otro. Porque llegaste tarde para abortar la jugada que inicia el contraataque.* (SANGUINETTI)

EL SAQUE DE BANDA

Carlos Babington, 8 de mayo de 2003

—En algunos partidos en la Selección, sobre todo cuando a Maradona le hacían marca personal por toda la cancha, Bilardo lo mandaba a Diego para que hiciera los laterales, porque el jugador que hace el lateral es el único que no tiene marca, entonces le devolvían la pelota y Maradona arrancaba sin custodia. No se utiliza demasiado ese recurso en la actualidad porque generalmente el lateral lo saca el marcador de punta del equipo; si, en cambio, lo hiciera el volante creativo, ganaría algún espacio al poder recibir sin marca la devolución. (VÍCTOR HUGO)

—*El lateral es un reposo del juego, porque normalmente nunca viene una jugada de gol de un lateral.* (BABINGTON)

—No viene una jugada de gol porque no se trabaja todo lo bien que se debe. (VÍCTOR HUGO)

—*Trabajarlo no garantiza una jugada de gol, aumenta las posibilidades, que no es lo mismo. Y además, no es tan fácil como aparenta. Lo primero que les digo a los jugadores al respecto es que me pone muy mal cuando en un lateral se la damos a un contrario. Con el pie, vaya y pase, pero con la mano, no. Aunque sea retrocedemos veinte metros y seguimos teniendo la pelota.* (BABINGTON)

—En esta jugada es esencial mantener el privilegio de seguir en posesión de la pelota. (PERFUMO)

—*Eso es fundamental, más allá de todo. Con la mano, seguimos en posesión de la pelota nosotros. El jugador lo sabe y sabe también que es una lástima rifarla en jugadas así.* (BABINGTON)

LA ASISTENCIA

Juan José López y Rubén Capria, técnico
y jugador de Unión, respectivamente,
en ese momento, mayo de 2003

—*El fútbol también ha copiado cosas de la NBA, por ejemplo eso de la asistencia. Nosotros antes le decíamos pase gol. Ahora le dan mucha importancia, y hasta en algunos medios las cuentan, llevan una estadística.* (J. J. LÓPEZ)

—Miren si volviera a jugar Bochini, entonces. (VÍCTOR HUGO)

—*Bochini debe haber sido el jugador que más pases gol dio en la historia.* (J. J. LÓPEZ)

—Él intentaba la geometría perfecta, y cuando un pase tiene eso, emociona. (VÍCTOR HUGO)

—*Bochini tenía visión periférica. Veía todo lo que pasaba a su alrededor.* (CAPRIA)

—Exacto, ésa es la mejor definición. Porque al ver más que los demás, tenía más opciones para poder engañar y sorprender. (PERFUMO)

TENER LA PELOTA

Carlos Bilardo, junio de 2003

—Tu Estudiantes campeón del '82 sigue en mis retinas como uno de los equipos más maravillosos que vi. El de Ponce, Trobbiani, Russo y Sabella, y ese secreto de la mitad de la cancha que después se traslada, me parece, a la selección del '86, con Batista, Giusti, Enrique, Burruchaga, Maradona... (VÍCTOR HUGO)

—*Cuando jugamos contra Alemania, cuando debutó Beckenbauer como técnico, en el año '84, puse seis o siete mediocampistas, había sólo un punta: Gareca. Pero la teníamos siempre nosotros con Ponce, Bochini, Burruchaga, una barra de gente que tocaba.* (BILARDO)

TAREAS DEL VOLANTE CENTRAL

Leonardo Astrada, agosto de 2003

—¿Qué tiene que tener un número cinco? (VÍCTOR HUGO)

—*Lo que un número cinco tiene que tener es ubicación, tratar de estar siempre en el lugar adecuado, es decir, entre la pelota y mi arco... y lo más difícil de todo, jugar simple.* (ASTRADA)

—Es que jugar simple es de sabios. (PERFUMO)

—*Yo esto lo aprendí de Gallego. El Tolo me decía: «Leo, cortá y entregá». Con eso me martillaba la cabeza. Si hasta llegué a pensar que no me quería, porque tanto me hablaba que pensé que no le gustaba cómo jugaba. Pero con el tiempo entendí por qué lo hacía y que fue la persona que más me enseñó.* (ASTRADA)

—Antes de recibir la pelota tenés que saber a quién se la vas a pasar. (PERFUMO)

—*Sí, ésa es una condición fundamental. Indispensable para quien quiere jugar simple.* (ASTRADA)

EL LÍDER DE TAREA

El entrenador Carlos Aimar, 19 de agosto de 2004

—A mí me resulta emocionante cuando el volante central quita la pelota y se la da al creativo. En nuestro medio hay un gran respeto por el que sabe más. (VÍCTOR HUGO)

—Pero no sabés qué trabajo es para un entrenador hacerle dar la pelota al conductor, porque no es fácil resignarse a trabajar para alguien. En el fondo, todos se creen que son talentosos. (PERFUMO)

—*Cuando yo jugaba en Rosario Central, lo tenía a Aldo Pedro Poy de creativo. En la mitad de la cancha marcábamos Eduardo Solari y yo nada más. Poy nos decía: «Yo siempre vengo atrás del contrario que lleva la pelota, ustedes cuando se la quiten, mírenme a mí rápido». Y nosotros la quitábamos, se la dábamos y descansábamos. Entonces no entiendo cómo el que teóricamente hace la función de quitar la pelota, no se la entrega rápido al otro para recuperarse... y no querer avanzar o querer dar un pase que no sabe dar.* (AIMAR)

—A mí me gusta un cierto respeto por las jerarquías técnicas. (VÍCTOR HUGO)

—Sí, por los jugadores que son capaces de convertirse en líderes de tarea. Y los responsables de convertir al líder de tareas son los propios compañeros que le pasan la pelota. El técnico es el encargado de establecer las jerarquías: quién está para laburar y quién para crear. (PERFUMO)

EL DETALLE

19 de agosto de 2004

—Voy a leer algo de Marcelo Bielsa que me parece de un sentido común notable: *«No me convence atacar bien a costa de defender mal o a la inversa. Difícilmente juegue bien un equipo que defiende mal. Es poner demasiado en riesgo el partido».* Son las dos secuencias del juego. Qué hacer cuando uno tiene la pelota en su poder y qué hacer cuando la tiene el rival. Los buenos equipos saben hacer las dos cosas. Es la famosa y anhelada transición. (PERFUMO)

BONUS TRACK: TÉCNICA PARA PEGARLE FUERTE A LA PELOTA

«Yo era pateador de tiros libres, y ya de grande en la Selección con Renato Cesarini me quedaba a patear después de la práctica. Un día me dijo: "¿Sabe cuál es el secreto de pegarle fuerte a la pelota? En el momento de golpearla, lleve el talón lo más atrás que pueda, golpéese la nalga". Lo hice y me sorprendí, porque efectivamente me

empezó a salir, porque la palanca que es la pierna tiene más recorrido y es como una catapulta. Así pateaba Bernabé Ferreyra, conside-
rado el shoteador más efectivo de la historia.»

Roberto Perfumo

Bonus track 2: el desmarque

«El desmarque es amagar una posición falsa e ir a la real, adon-
de vos querés ir. El desmarque no puede ser lento, tiene que ser ex-
plosivo. Si le hacemos un seguimiento a un jugador durante todo un
partido vemos que de los noventa minutos, sólo tres minutos tiene
la pelota en sus pies. Tres minutos, si es un fenómeno. Es decir que
tiene 87 minutos para jugar sin pelota. Mirá si hay tiempo para des-
marcarse.»

Luis Garisto

Las frases

«No existe fuerza superior dentro de un campo de juego que la fuerza de la inteligencia. Quien piensa decide, quien decide resuelve y quien resuelve generalmente gana.»

GUSTAVO ALFARO

«Tiene tanto coraje el que se tira de cabeza a los pies del adversario para quitarle la pelota como el que dice "dámela que jugamos".»

MIGUEL ÁNGEL RUSSO

«Con la presión que hay en el mediocampo es muy difícil salir gambeteando, porque vienen dos o tres a presionarte. Hay que ser Maradona para salir, y tampoco conviene mucho, porque la llegás a perder y se te vienen los indios de contraataque. Con un toque y sacándote la pelota más rápido de encima simplificás todo.»

DIEGO CAGNA

«Yo tampoco quiero confundir jugar lindo con jugar bien, pero creo que a veces hace falta la pausa, y eso se logra teniendo precisión, movilidad e idea de tener la pelota en conjunto.»

JORGE FOSSATI

«Ahora el jugador que agarra la pelota quiere salir corriendo para adelante, pero no pensando, no llevando la pelota cerca del pie. La quiere tirar para adelante y ganar en velocidad. Y no correr con la pelota al pie.»

RICARDO BOCHINI

«A lo mejor hay un jugador que tiene un buen rendimiento en un club porque sus compañeros lo saben hacer jugar, lo encuentran... y en la Selección no están todos preparados para hacer jugar a ese futbolista.»

JOSÉ PEKERMAN

«Defender bien es jugar bien. Porque piensan que jugar bien es sólo tirar un caño o hacer una gambeta.»

DANIEL BERTONI

«Un picado puede ser una circunstancia dramática, porque el fútbol para divertirse no existe. El que ha jugado de un modo amateur, conoce a ese personaje que cuando el partido se pone dramático y uno hace algún reclamo, dice: "¡Eh, flaco!, ¿venimos a divertirnos o a hacernos mala sangre?".
Respuesta: A hacernos mala sangre.»

ALEJANDRO DOLINA

«Cuando un arquero te sale de frente hay que tirarle la pelota siempre a un metro de las piernas, porque por la vicectriz que se genera entre los palos y la pelota, es muy difícil tirarla afuera y es imposible que el arquero gire y la pueda agarrar. Le quedan lejos de la pelota los pies y las manos.»

JOSÉ «TOTI» IGLESIAS

«A veces los relatores dicen: "corre cada pelota como si fuera la última». Pienso yo, debe jugar muy mal con esa desesperación, esa crispación. No, viejo, debe correr cada pelota como lo que cada pelota es. Si es la primera, como la primera, y si es la última, como la última. Porque si no es la última por ahí hay más tiempo, más paciencia.»

ALEJANDRO DOLINA

«Siempre se puede sacar algo más del fútbol, porque éste es un juego bendito lleno de alternativas.»

MIGUEL ÁNGEL RUSSO

«En el fútbol hay que ganar, a partir de ganar después viene todo lo demás. Si se juega bien, es evidente que se va a ganar. Siempre pongo este ejemplo: en el partido decisivo ante Australia para ir al Mundial de Estados Unidos, un compañero mío que siempre pregonaba el fútbol bien jugado, ese día me dijo: "Hoy hay que ganar, eh". Yo le dije: Hay que ganar siempre.»

DIEGO SIMEONE

«En el tema del enganche hay algo clave: puede jugar un determinado jugador, pero lo tiene que reconocer el propio equipo. Si el propio equipo lo reconoce, ese jugador toma definitivamente el rol.»

ENZO FERRERO

«A mí me gustan los wines, porque en ellos hay elegancia en la estafa.»

IVÁN NOBLE

Momentos

El cura

—Yo tenía en Cruzeiro a Orlando Fantoni, un técnico veterano que traía a un cura para que nos diera misa los domingos. El cura daba la misa en la concentración, pero a la hora del sermón terminaba diciendo: «abran a las puntas», «tiren el centro atrás»... (PERFUMO)

—¡Como Dios manda! *(risas)* (VÍCTOR HUGO)

Cadena perpetua

—Mostaza, estoy viendo cómo juegan tus equipos y hacés correr a todos los volantes..., ¡y vos no corrías nada! (PERFUMO)

—*Yo no podía correr porque vos me decías: «No te vayás, vení al lado mío».* (risas)

—*Aparte me insultabas.* (risas) *Con esa carita, no saben lo que era dentro de la cancha. Un día estábamos concentrados y fue Morete a decirle: «Roberto, qué bueno que estás con nosotros». Él le dice: ¿Por qué? «Porque cuando jugábamos contra vos yo no dormía de las patadas que me dabas.»* (risas) (REINALDO MERLO)

—*Un día llego a un entrenamiento y me dicen: «Lo suspendieron a Perfumo». ¿Lo suspendieron nada más? ¡Cadena perpetua tenían que darle!* (HÉCTOR VEIRA) (atacado de risa)

—Por fin se han puesto las cartas sobre la mesa aquí. (VÍCTOR HUGO)

CAPÍTULO 5

Planeta Fútbol

*Casi una lluvia de la modernidad: está en todos los momentos y
en todos los sitios. Lo palpita un chico que le escapa al hambre en
el sur del universo y lo paladean en muchos nortes montones que
no parecen conocer ninguna escasez. Fútbol y más fútbol, en el que
la edad de lo global amenaza con arrasar diferencias casi como si
fuera un delantero voraz frente a una defensa torpe. Y aun así, está
esa gambeta con sello local, esa tradición nacional o continental
que no se rompe del todo, ese volante con marca de origen.
Irrepetible planeta el Planeta Fútbol: allí las fronteras
se hacen y se deshacen todo el tiempo.*

¡Qué lindo es hablar de fútbol!
IVÁN ZAMORANO

La pelota también se ha globalizado.

Por eso aquí hablamos del fútbol sudamericano, del fútbol europeo y de las diferencias y similitudes que aún se registran en el planeta fútbol.

LOS DOS PARTIDOS POR SEMANA

Osvaldo Ardiles y Jorge Burruchaga, abril de 2003

—¿Por qué en Europa se pueden jugar dos partidos por semana sin mayores conflictos? (VÍCTOR HUGO)

—*Creo que es un problema de mentalidad. Por supuesto que hay ciertas cosas que en Europa son más fáciles. Las distancias son más cercanas, de Londres vas a todos lados en dos o tres horas de avión, o en tren. Acá las combinaciones son más difíciles, te agotás mucho más en todo ese tema de organización, pero fundamentalmente es cuestión de mentalidad.* (ARDILES)

—Nunca un equipo argentino ganó la Copa Libertadores y el campeonato local al mismo tiempo. Ése es un dato. (PERFUMO)

—*Sí, es un dato, pero yo creo que es más lindo jugar dos partidos por semana. Es un esfuerzo más grande, sí, por supuesto, pero estás jugando siempre, que es lo que al jugador le gusta.* (ARDILES)

—*Poder se puede pero, como dice Osvaldo, influyen las distancias. Recuerdo que estando en Nantes fuimos a jugar por la Copa*

de Europa a Moscú; terminó el partido y a las dos de la mañana es-
tábamos de vuelta. Y al otro día entrenamos. (BURRUCHAGA)

—En Brasil jugábamos casi noventa partidos por año, pero es un
fútbol más económico, la pelota corre más, hay menos fricción. El
esfuerzo es menor. Y Brasil también tiene distancias largas, es un
país enorme de ocho millones de kilómetros cuadrados. Creo que en
Argentina falta todavía un ritmo más profesional del jugador, en el
aspecto del cuidado físico para poder rendir bien jugando dos partidos. Aunque en realidad jugando domingo, miércoles y domingo, son
tres los partidos en la semana. Y a la hora de sumar esfuerzo y acu-
mular cansancio, se siente mucho. (PERFUMO)

FÚTBOL VERSUS NEGOCIOS = CONFLICTOS

Néstor Fabbri y Roberto Abbondanzieri,
junio de 2003

—*En Europa, durante tres o cuatro meses en el año, jugamos*
también entre semana. (FABBRI)

—Pero, además, la pretemporada que hacen es diferente. (VÍC-
TOR HUGO)

—*Sí, allá son seis semanas de pretemporada. Son quince días de*
preparación física y cuatro semanas para jugar amistosos. Además,
antes tenemos un mes de vacaciones. (FABBRI)

—*Nosotros acá tenemos una semana de descanso y vuelta a em-*
pezar. (ABBONDANZIERI)

—Y les ponen las copas de verano, que complican la situación.
La competencia obstruye una preparación escalonada. (VÍCTOR
HUGO)

—En este país, el fútbol es el deporte que dura más en el año. Once meses de competencia. (PERFUMO)

—*Los europeos también se quejan, porque entre Champions*
League, Copa UEFA y la liga tienen sesenta partidos por año.
(FABBRI)

—Todos se quejan porque los calendarios son abultados y nadie quiere restringirlos. Ésa es una gran discusión en la Comisión de Fútbol de FIFA, a la que pertenezco. Los grandes clubes de Europa están muy preocupados por sus jugadores y el exceso. La cuenta es simple: el año tiene 52 semanas; son cuatro para descansar y cuatro para prepararse. Quedan 42. Menos una o dos por las fiestas de fin de año, quedan 40. Y se juegan entre 65 y 75 partidos entre ligas y copas. Pero después están las selecciones: eliminatorias, fechas FIFA, copas regionales y Mundiales. ¿Cómo se hace para meter todos esos partidos en cuarenta semanas? Con estos calendarios no hay forma de encontrar una solución. (Perfumo)

Diferencias

Andrés Guglienminpietro (Guly), jugador de Boca,
y Lucas Castromán, de Vélez, octubre de 2004.
Ambos con reciente pasado europeo

—*Las pretemporadas en Europa son muy duras, pero durante el año se baja la intensidad en el entrenamiento.* (Guly)

—*En Italia te cuidan demasiado. A veces me sentía fuera de ritmo, pedía entrenar un poco más y no me dejaban.* (Castromán)

—¿Dónde quedó entonces el mito del fútbol mucho más físico, de más entrenamiento, aquel que le hizo cambiar los libretos al fútbol argentino allá por el año 58? ¿Será que en aquella época sí existía una gran diferencia en la preparación? (Víctor Hugo)

—Sí, claro. Yo lo sufrí desde adentro. Además, teníamos el complejo de que los europeos corrían más, que eran mejores físicamente por naturaleza. Una verdadera estupidez. (Perfumo)

—*Ahora, lo que veo es que un jugador que va a Europa desde el fútbol argentino no sufre físicamente, por ahí sufre la velocidad del juego.* (Guly)

—¿Cómo es lo de la velocidad del juego? (Víctor Hugo)

—*En Italia tratan de jugar a dos toques. Se juega mucho más frontalmente que acá. En cuatro pases quieren estar en el arco contrario.* (GULY)

—Eso es porque los defensores están sólo para defender, y no participan en el juego cuando el equipo está en posesión de la pelota. Y decime, ¿las canchas influyen? (PERFUMO)

—*Sí, siempre remarco eso. Allá las canchas son más rápidas porque están húmedas y a mí me gusta más. Acá el fútbol se hace un poco más lento por las canchas secas y el pasto un poco más alto.* (GULY)

COSTUMBRES Y REALIDADES EUROPEAS

Los preparadores físicos Gabriel Macaya
y Ricardo Pizzarotti, julio de 2003

—*En Alemania, cuando tienen competencia permanente, el entrenamiento entre semana casi no existe. Es descanso, buena alimentación y muy poco trabajo de campo.* (MACAYA)

—Son culturas. En el fútbol inglés pasa lo mismo, ¿no? (PERFUMO)

—*Sí, a mí me sorprendió el fútbol inglés en el diseño del entrenamiento. Yo seguí durante 45 días a la Liga Inglesa, porque parece que es un fútbol muy rápido, muy veloz. Me sorprendió porque entrenan sólo una hora por día, de diez a once de la mañana, con poco trabajo de musculación, y esto hace que los niveles de fuerza decrezcan.* (MACAYA)

—Y entrenan sólo con la pelota. Al jugador inglés es difícil hacerlo correr en las prácticas si no le das ejercicios con pelota. (PERFUMO)

—Si el jugador inglés o el alemán, que son sinónimo del jugador fuerte, veloz, sólo entrenan una hora por día, ¿entonces cuál es la realidad? (VÍCTOR HUGO)

—Hay una realidad para cada país, para cada equipo, para cada jugador. Fijate que el futbolista inglés no concentra. (PERFUMO)

—Aquí nos ha dicho Juan Sebastián Verón que esto es así, y que tal vez explique un poco la falta de logros internacionales del fútbol inglés. (Víctor Hugo)

—*En el fútbol inglés existe mayor interés por su competencia local que por las competencias internacionales.* (Pizzarotti)

—Ellos tienen una fuerte cultura de mirarse para adentro, no solamente en el fútbol. (Víctor Hugo)

—*Otro de los aspectos fundamentales es la profesionalidad. He visto entrenadores ingleses que no cuidan a sus jugadores, van de gira, cada uno hace su vida, pero cuando el entrenador dice: «Mañana a las ocho todos en el micro», a las ocho están todos en el micro. No hay ninguno que diga: «Sabe lo que pasa, profe, llegué tarde porque anoche dormí mal». El nivel de profesionalidad es absoluto. Nuestra idiosincrasia es totalmente distinta. Nosotros tenemos que estar permanentemente encima del jugador: «Coma esto, descanse, no se descuide», porque no hay una cultura profesional que implique que el hombre se pueda cuidar solo.* (Pizzarotti)

—Es verdad, siempre les digo a los jugadores que cuidarse es no hacer nada malo cuando nadie los ve. (Perfumo)

Resistencia a la velocidad y la dinámica

—¿Y usted cómo trabajó para la preparación de la selección campeona del Mundial '78? (Víctor Hugo)

—*Para el Mundial '78, un año antes del mundial estuve 45 días en Europa viendo qué era lo que sucedía en el fútbol de Inglaterra, Alemania, Francia e Italia, porque era mi primera experiencia a ese nivel. En la observación detectamos que las diferencias de rendimiento físico, por el cual a nosotros nos decían carretas y a los europeos aviones, no eran factores determinantes en el aspecto individual sino en la dinámica de conjunto. Nuestros jugadores actuaban dinámicamente cuando estaban en posesión de la pelota o cerca de ella. Por ejemplo, cuando el equipo estaba en función ofensiva, los defensores se transformaban en espectadores y en función defensiva los delanteros regresaban caminando. En los equipos europeos había dinámica durante los noventa minutos de juego con o sin la posesión de la pelota. Al detectar eso, empezamos a trabajar sobre el tema, utilizando ejercicios que obligaran a una atención permanente y eliminando los focos de distracción durante los entrenamientos. Por eso la base de la preparación física para ese mundial fue muy distinta. Trabajamos priorizando las tareas de resistencia a la velocidad para que nuestros jugadores fueran capaces de soportar el esfuerzo durante los '90 y anticiparse a la acción del adversario. Además hubo algunas ventajas comparativas, la AFA nos dio el beneplácito de poder entrenar durante tres meses a los jugadores sin participación en los clubes, la mayoría de los jugadores, a excepción de Kempes, actuaba en el país y pudimos efectuar controles regulares sobre la alimentación y el descanso... Tuvimos la posibilidad de ubicar a la Selección Argentina en la dinámica del fútbol mundial. Y creo que lo logramos.* (PIZZAROTTI)

—Es así. Cuando fui en el '68 a integrar un equipo de FIFA, había un gran entrenador alemán, Dieter Kramer, y después de la primera práctica vino con el traductor y me dijo: «Usted no sabe jugar al fútbol». ¿Por qué?, le pregunté. «Porque usted toca la pelota y después mira. Toque y siga la jugada.» Él me pedía esta dinámica a la que no estábamos acostumbrados. (PERFUMO)

PASÁRSELA AL MEJOR

Federico Insúa, jugador de Independiente con paso por el fútbol español, septiembre de 2004

—¿Por qué en España no le pasan la pelota a los que saben? Se llevan de acá jugadores que son creativos, que hacen jugar a los demás y después no se la pasan. Pasó en su momento con Aimar y Riquelme. (PERFUMO)

—*La sensación que me dio es que para ellos son todos iguales, tanto el lateral izquierdo como el mediapunta, a la hora de atacar. Al volante central le da lo mismo dársela al lateral izquierdo que dársela al enganche o al mediapunta.* (INSÚA)

—No hay respeto por la jerarquía. Creo que hubieran sido capaces de llevarlo a Bochini y no darle la pelota, pedirle que marque. (VÍCTOR HUGO)

—No es falta de respeto, es ignorancia. En muchos casos, desconocen a los jugadores que contratan. Los técnicos, porque a los jugadores se los trajo el secretario técnico. Y los jugadores, porque no tienen la obligación de conocerlos. (PERFUMO)

EL FÚTBOL SUDAMERICANO Y EL LIDERAZGO

José Manuel Ramos Delgado
y Juan Ramón Carrasco, mayo de 2004

—Noto un déficit en el fútbol brasileño de hoy, que es la falta de líderes. Desde que se retiró Dunga a la Selección de Brasil le falta ese tipo de líder. (PERFUMO)

—*Y antes tenía a Gerson, a Tostao, a Carlos Alberto y a ese morochito que usaba la diez...* (Nota del editor: se refiere a Pelé.) (RAMOS DELGADO)

—*Yo no estoy de acuerdo con eso del caudillo, del referente. Para mí, la figura tiene que ser el equipo. Y un equipo no puede estar supeditado al estado de ánimo o futbolístico de un jugador. Mis equipos no juegan para un jugador en especial.* (CARRASCO)

—Pero siempre hay líderes. Maradona era el líder de la tarea y Ruggeri el líder del vestuario. (PERFUMO)

—*Eso es así, ahí estamos de acuerdo. Pero creo que siempre lo más destacado debe ser el equipo.* (CARRASCO)

—Me parece que no hay equipo destacado sin líderes, porque los equipos de fútbol son la imagen de una enseñanza permanente de la necesidad de liderazgo. Está el líder de tarea, que es el que tiene la pelota durante el juego. El líder de la estrategia, que es el que la recompone o la afirma cuando está detenido el partido. Y el líder de vestuario, el caudillo o cacique. Todos detrás del gran jefe, que es el técnico. Los demás son todos indios. (PERFUMO)

—Para hacer justicia con la historia del fútbol de Sudamérica, nombremos a grandes líderes como Obdulio Varela, Antonio Rattín, el Pato Pastoriza, Elías Figueroa, José Luis Chilavert, Alcides Silveira, entre tantos. (VÍCTOR HUGO)

FÚTBOL DEL PACÍFICO

Fabián Vargas, colombiano, volante de Boca Juniors, abril de 2004

—Tengo la impresión de que la vorágine del fútbol argentino en la mitad de la cancha es única en el mundo. Lo que sucede ahí es tan veloz, tan provocativo en el aspecto físico, que el jugador que viene del fútbol del Pacífico tiene que tener un período para entender ese nuevo idioma, porque en Colombia, en México, se dan un poco más de tregua en la mitad de la cancha. (VÍCTOR HUGO)

—*Sí, acá cuando recibes la pelota ya tienes que haber resuelto la jugada antes, porque siempre hay dos jugadores encima que no te dan espacio para nada.* (FABIÁN VARGAS)

—En el fútbol de los países del Pacífico la fricción es menor y hay más tiempo para acomodarse cuando se recibe la pelota, y eso marca características bien distintas entre el fútbol de un lugar y de otro. (VÍCTOR HUGO)

—*Es así. Lo cierto es que aquí ningún equipo te brinda espacios, te aprietan durante los noventa minutos.* (FABIÁN VARGAS)

—¿Te obligó el fútbol argentino a hacerte más atleta? (PERFUMO)

—*Sí, yo pienso que sí.* (FABIÁN VARGAS)

—Si no, no tocás la pelota, ¿no? (PERFUMO)

—*Si no corres, es difícil agarrar el balón. Para triunfar acá tienes que estar bien en la parte física.* (FABIÁN VARGAS)

—Este fútbol te obliga a acostumbrarte a la fricción y a tener la maldad necesaria para subsistir, como en la selva. (PERFUMO)

—*Sí, por supuesto. Acá la selva es el mediocampo.* (FABIÁN VARGAS)

Tradición copera

Mario Agustín Cejas y Roberto Pompei, mayo de 2003

—Los campeones de la Copa Libertadores casi siempre se reiteran, salvo el Vélez de Bianchi y algún otro. Y hay ejemplos como el de São Caetano, que le ganó a Olimpia en Paraguay y después perdió en su casa. Eso sucedió porque Olimpia es un equipo copero. Hay historias coperas que defender. La historia pesa en ese sentido. (Perfumo)

—*¿A partir de qué? ¿De los jugadores, de la gente?* (Cejas)

—A partir de todo. Tendría que ver si no se han reiterado casi todos los campeones. (Perfumo)

—Equipos más coperos que Peñarol e Independiente no hay, y llevan un buen tiempo sin ganar. (Víctor Hugo)

—*A lo que se refiere Roberto es a esa tradición que tienen algunos equipos que los lleva a superar momentos culminantes. En esos últimos minutos donde se te va la clasificación, aparece la estirpe.* (Pompei)

—Yo digo que en los partidos de Copa Libertadores definitivos, ganan los tradicionales, porque la estirpe es la experiencia. Primero, por la cantidad de participaciones de ese equipo en la Copa y luego, por la calidad de esas participaciones. Eso forma una escuela en los jóvenes y una mística, una cultura de la que tantos equipos han hecho gala durante años. El jugador de la novena de Independiente sabe que está en un equipo de tradición copera; se cría en ese ambiente y cuando le llega el turno de jugar la Copa lo hace como la historia lo exige. (Perfumo)

El estado de las canchas y lo que viene

Osvaldo Ardiles y Jorge Burruchaga, abril de 2003

—¿Han mejorado las canchas desde cuando usted se fue? (Víctor Hugo)

—*Sí, por supuesto. Muchísimo.* (Ardiles)

—Nosotros levantábamos tierra cuando pateábamos, Osvaldo. Había canchas que eran de terror. Pero además cambió el calzado, mejoró muchísimo. Yo viví la transición del tapón unido con clavos al botín, al botín con tapones con rosca. Los de mi época te dejaban los pies a la miseria. Hoy usan botines para salir a pasear, que parecen guantes hechos a medida. (PERFUMO)

—*Muchas cosas han mejorado, pero el avance de las canchas fue notable.* (BURRUCHAGA)

—En aquellas canchas, las que vemos en las viejas revistas, no se podría ver fútbol hoy día, porque a la velocidad que hay que jugar si se le agrega el impedimento de la cancha se hace insoportable. (VÍCTOR HUGO)

—La cancha buena incrementa la velocidad del juego. (PERFUMO)

—Siempre tuve la teoría de que el fútbol uruguayo es un fútbol de malas canchas. El estadio Centenario, que es el más maravilloso estadio del mundo por ubicación y seguridad, tiene una cancha maldita, llena de matas. Como en esos pisos hay que parar la pelota, después amansarla y después jugarla, entonces se hizo un fútbol de mucho control de pelota, de mucho manejo individual de la situación. Cuando yo vine a la Argentina empecé a relatar mejor, porque era a un toque. Yo me acuerdo de Juan Ramón Carrasco, que llevaba la pelota de repente treinta metros, controlándola, amansándola, cuidando de que no se le quedara en un pozo..., entonces el relator decía muchas veces: «Recibe Carrasco, la amansa Carrasco, avanza Carrasco». Acá, de pronto vine y era: «Toca Maradona, toca Brindisi». Tuve que hacer más veloz mi relato. (VÍCTOR HUGO)

—Es tan así lo que vos decís Víctor Hugo, que yo dirigí a Sudamérica de Uruguay en 1981 y tenía a dos empleados del club solamente para sacar las matas del campo de juego, que por supuesto era mayormente de tierra, pero por lo menos quedaba lisa. Para cerrar el tema quiero decirles que se vienen las canchas de césped sintético. La FIFA ya las aprobó. Es para pensarlo, la pelota de plástico por la pelota de cuero, cancha de plástico por cancha de pasto... (PERFUMO)

—Es todo un cambio. Voy a tener que relatar más rápido todavía. (VÍCTOR HUGO)

Las frases

«Cuando juega Brasil, donde cae la pelota hay juego. Es como que la pelota siente paz.»

HÉCTOR VEIRA

«Mi visión del fútbol español y del italiano es muy personal. Siempre he dicho que en España se juega para ganar y en Italia se juega para no perder.»

IVÁN ZAMORANO

«En Europa no se festeja una pared, un caño o un sombrero. A la gente le gusta otra cosa, tienen otra idiosincrasia, pero al público argentino sí le gusta eso.»

CARLOS BABINGTON

«El placer de los brasileños es golearte. Tal vez el nuestro sea la cargada, vamos tres a cero y paramos. Pero si ellos te pueden hacer ocho o diez goles, te los hacen. Humillan goleando. Nosotros cargando, y si es uno a cero mejor.»

ROBERTO PERFUMO

«El día que le hice un gol a Boca, la gente de San Lorenzo en las tribunas gritaba: "Brasil, Brasil".
Se cayó una barrera cultural esa vez.»

PAULO SILAS

Momentos

Nos van a hacer diez

—*La NBA tenía un fenómeno que era Jordan, y él marcaba igual que el mejor. Y así tiene que ser. Decían que «La Naranja Mecánica» del '74 era el fútbol total, que jugaban al basquetbol con los pies. Los enfrentamos nosotros en el '72 con Independiente y Pipo Ferreiro, el técnico, me hizo jugar de cinco. Jugué en Amsterdam, donde perdimos 3-0. Era tal la superioridad, que en un momento lo miré al Zurdo López y le dije: «Zurdo, contalos, que son más».* (LUIS GARISTO)

—Yo jugué contra ellos en el 4-0 (Mundial '74). ¡Eran como dieciséis! Y ahí surgió la famosa anécdota con nuestro arquero, Daniel Carnevali. Íbamos perdiendo 2-0 y la pelota se fue atrás del arco. Carnevali fue corriendo a buscarla: «Pibe, no te apurés», le dije. «¿Por qué?, si vamos perdiendo dos a cero», me respondió. Y yo le dije: «Es que nos van a hacer diez». (PERFUMO)

CAPÍTULO 6

El director ténico

Parece que no, pero él juega. Parece que está quieto, pero él tiene cada célula corriendo un maratón. Parece que quisiera prever noventa infinitos minutos, pero él conoce que su destino viene o se va en la fugacidad de un segundo. Parece que imaginara controlar cada pieza, pero, aunque disimule, él debe asumir que sólo puede orientar la conducta de unos cuantos muchachos. Parece que está sentado en un trono, pero él advierte que apoya el cuerpo en una silla siempre inestable. Parece que es muchas cosas el director técnico, pero él sabe que, en esencia, es un hombre de oficio redondo y corazón de fútbol.

Un día le pregunté al Toto Lorenzo: ¿Usted cómo dirige los planteles?
«Fácil, Roberto», me dijo: «Un palo y un caramelo».

ROBERTO PERFUMO

La profesión de director técnico es de alto riesgo, es insalubre…, pero apasionante.

Y a partir de la pasión y el conocimiento, los entrenadores que han pasado por el programa han dejado complejidades y simplezas enriquecedoras.

Cada uno con sus teorías, sus verdades y sus ideas, dejaron fuera del estudio la presión de cada día y cada hora, y hablaron de fútbol.

LA TAREA DEL TÉCNICO

Enzo Trossero, mayo de 2003

—¿Cuál es la influencia real de un técnico en un equipo? (VÍCTOR HUGO)

—*Es un porcentaje importante, pero de la mitad de la cancha para adelante los jugadores resuelven las situaciones por inventiva propia.* (TROSSERO)

—Pero lo que sí puede resolver el técnico es cómo acompaña el resto al jugador que desequilibra. Si Federico Insúa lleva la pelota y el técnico no ha trabajado para lograr un desmarque de los demás, ¿qué hace Insúa solo? (VÍCTOR HUGO)

—*Sí, por supuesto. Es así.* (TROSSERO)

—¿Cuál es el porcentaje de desobediencia del jugador dentro de la cancha? Porque el jugador es el que edita la película… (PERFUMO)

—*La desobediencia es de tres cuartos de cancha para adelante, lo demás es todo obediencia.* (TROSSERO)

—Yo creo que el trabajo de un entrenador es más integral, no lo dividiría en sectores. Nos pueden hacer un gol porque el delantero no siguió al defensor en la salida. Si no es muy estructurado, de acá para allá gambeteamos, y de acá para atrás, no. (PERFUMO)

—Sí, pero yo creo, como Trossero, que el técnico elabora la táctica, sabe dónde quiere quitar la pelota, sabe desde dónde quiere contraatacar. Todo esto lo decide él, pero en los últimos veinte metros, si Insúa está mano a mano con el defensor, ese espacio está muy referido a la creatividad personal. (VÍCTOR HUGO)

—¿Y el técnico no influye en nada en ese momento? (PERFUMO)

—Puede influir en la cantidad de gente que llega con Insúa. Si yo fuera director técnico y me dicen que mi equipo llega diez veces a posición de gol y no mete ninguno, ¿qué le pasa a mi equipo? En lo que yo tengo que ver, nada. Porque mi responsabilidad es que llegue diez veces a situación de gol, lo que yo no puedo hacer es meter la pelota en el arco. (VÍCTOR HUGO)

—Ahí, la responsabilidad del técnico sería el trabajo semanal en la definición de las jugadas creadas. Que aprendan a meter goles. A mí me parece que al técnico no se lo puede separar de la responsabilidad en nada, ni en lo bueno ni en lo malo que haga el equipo. (PERFUMO)

Manuel Pellegrini, entrenador de River en ese momento, junio de 2003

—Una orquesta sinfónica sin su director no tiene razón de ser, y un equipo de fútbol sin técnico, tampoco. (PERFUMO)

—*Por supuesto, un técnico es fundamental para un equipo. Durante la semana es el encargado de planificar los trabajos, de dar las especificaciones, de entregar una idea futbolística para que el equipo la desarrolle el domingo. Pero si dentro del partido el jugador no decide por su capacidad, es difícil que el técnico pueda cambiarlo desde el banco. Si a mí el equipo me funciona totalmente como yo quiero que me funcione desde el punto de vista táctico, eso no pasa de ser el 30% del rendimiento. El 70% es la actuación individual del jugador el día del partido.* (Pelle-grini)

—¿Y cuál es tu tarea en el entretiempo? (Perfumo)

—*En el entretiempo, lo primero que hay que hacer es esperar a que al jugador le vuelvan las pulsaciones a un estado normal para que pueda entender lo que uno le dice. La mitad del tiempo se lo lleva eso. Los otros minutos los usamos en revisar lo que hicimos bien y lo que hicimos mal, lo que hay que arreglar, lo que hay que continuar haciendo y tratar de estar muy atento a la táctica, a la inteligencia aplicada a ese partido, a ese rival y a ese momento.* (Pellegrini)

Maestros y directores técnicos

Oscar «Cachín» Blanco y Gustavo Alfaro lograron ascender a Primera División dirigiendo a Atlético de Rafaela y a Quilmes, respectivamente. Días después del logro, estuvieron en el programa

—Hay pocos técnicos que pueden dirigir bien inferiores y primera indistintamente, ¿no es cierto? (Perfumo)

—*Sí, es cierto. Más que nada porque para dirigir inferiores se necesita vocación de docente, y así como el jugador de fútbol cree que su carrera tiene un sentido vertical hacia el éxito, el entrenador piensa lo mismo. Y los tiempos de un jugador o un técnico en inferiores son otros.* (Alfaro)

—También está lo que como criterio tenemos en la vida. El entrenador, por ahí, dice: «A mí me interesa tener un buen equipo de fútbol, no me interesa lo que cada uno haga hasta el domingo a las tres de la tarde»… y el maestro piensa: «Este chico tiene que vivir, además». Juega al fútbol hasta los 30 o 35 años y después lo espera la vida, nada menos. Entonces trata de prepararlo, de formarlo. Por ejemplo, cuando a Griguol le aparecían en Gimnasia los chicos de inferiores con malas calificaciones, les decía: «No entrenás, no jugás el domingo». De alguna manera, ese chico si no triunfa en el fútbol le va a agradecer la formación. (VÍCTOR HUGO)

—Es que el fin de los clubes en los barrios hace 40 años era enseñarle a los chicos a través del fútbol una escuela de vida. Ahora los entrenan para jugar en primera o venderlos al exterior por más pibes que sean. (PERFUMO)

—*Eso es lo que no tenemos que perder de vista los formadores, porque los entrenadores de primera vivimos de las urgencias de los resultados, pero el trabajo lo podemos hacer igual, corramos peligro de que nos echen o no, por algo uno abrazó esta profesión. Para mí, personalmente, el éxito no está en dar una vuelta olímpica, el éxito está en encontrarte dentro de 20 años con un pibe al que vos ayudaste a formar y ver que le va bien en la vida, que fue bueno tu aporte como docente.* (ALFARO)

La conformación de un plantel

—Me parece que los planteles demasiado grandes tienen a mucha gente disconforme. (VÍCTOR HUGO)

—*Yo creo que lo ideal es trabajar con 24 o 25 jugadores, no más. ¿Por qué?, porque dentro de los 25, generalmente tengo 5 que son juveniles, entonces trabajo con alrededor de 20 profesionales. En un plantel hay 11 que están contentos, que son los que juegan, 5 que están medianamente contentos, que son los que van al banco de suplentes… y si usted tiene un plantel de 30, tiene la misma cantidad de contentos que de disconformes. Y es muy difícil manejar las expectativas de tanta gente. Yo trato de que los jugadores tengan la misma cantidad de posibilidades. Siempre les digo que las camisetas tienen números, no tienen nombre, así que los puestos se ganan adentro de la cancha. En la semana entrenándose y los días de partido.* (ALFARO)

El peor momento del entrenador

—¿Y cómo hace para decirle a un jugador con el que logró el ascenso que ahora no puede continuar en primera división? (Víctor Hugo)

—Hablo con el jugador y le explico las razones por las cuales no va a seguir con el plantel. Es un momento muy ingrato. La decisión seguramente no le va a gustar y entonces va a decir: «Este tipo, al que yo lo ayudé a salir campeón, me limpió». Pero va a hacer cien metros y va a pensar: «Por lo menos, me vino de frente». Porque yo le digo a ese jugador: «Yo me voy a volver a cruzar con vos dentro de una cancha, en un plantel o en alguna circunstancia de la vida, y no voy a cruzar de vereda y no te voy a dejar de mirar a los ojos». Eso, para mí, tiene mucho valor. (Alfaro)

—Ése es el peor momento del entrenador. (Perfumo)

—Es un momento difícil e ingrato. Cuando yo dirigía inferiores y tenía que prescindir de algún chico, tenía que echar al pibe, a la madre y al padre. Eso te va endureciendo. Pero la tarea de un líder, como es el técnico, obliga a privilegiar lo mejor para la mayoría, aunque eso implique dejar a un tipo sin laburo para que tengan laburo los demás. Es la ley. (Blanco)

Los técnicos y los sistemas

Oscar Washington Tabárez y Nelson Acosta,
noviembre de 2003

—¿Los jugadores le enseñan al técnico? (Perfumo)

—Creo que sí. No sé si en el sentido literal de la palabra, pero uno aprende de los futbolistas. Inclusive, ellos tienen una importancia decisiva en los funcionamientos de los sistemas de juego. Las variantes, a veces, las dan las características individuales de los futbolistas, por eso cuando se habla de los sistemas y se reducen a números o a simples movimientos, me parece que se presenta una visión embalsamada de la realidad. (Tabárez)

—Sólo sirve para el momento en que empieza el partido. Cuando los equipos están parados en la cancha, aparece el 4-3-3 o el 4-4-2, pero es un solo instante, después la dinámica se devora esos números a los que nosotros vivimos apelando. (VÍCTOR HUGO)

—Es así, pero además creo que la capacidad individual de los futbolistas que integran los equipos es la que genera su potencial. Ése es el principal factor de rendimiento. Con buenos jugadores tenemos la oportunidad de legislar lo bueno. (TABÁREZ)

—Sí, el fútbol y los sistemas sirven o no de acuerdo a las condiciones de los jugadores. Yo nunca había jugado con dos líneas de cuatro, y en Cobreloa sí lo hice. He jugado con rombos, cuadrados, con línea de tres en el fondo, pero todo pasa por los jugadores. Si tú quieres jugar con tres en el fondo y no tienes los jugadores con características para hacerlo, no vas a andar bien. Por eso, quizá la gran virtud de los entrenadores, salvo que entrenen a una selección nacional, sea la de adaptarse a los planteles que les toca y sacarles el mayor provecho. (NELSON ACOSTA)

EL OJO AVIZOR

Ángel Tulio Zof, técnico de Rosario Central,
octubre de 2004

—En estas épocas, donde hay que armar un equipo nuevo cada seis meses, ¿cuánto vale el ojo del entrenador para que ponga jugadores que jueguen bien pero que además jueguen bien con los demás compañeros? (PERFUMO)

—Es muy importante. Yo no me doy cuenta si tengo buen ojo o no, pero en mi caso tengo muchos años en el fútbol y me he criado viendo a grandes jugadores que me dejaron impactado. (ZOF)

—¿Eso le ayuda a reconocer con un golpe de vista la capacidad en el movimiento de un jugador? (VÍCTOR HUGO)

—Sí, uno se da cuenta enseguida: éste puede jugar; éste, no. Porque uno busca para el equipo jugadores con buena técnica, pero la buena técnica sola no alcanza, tiene que ir acompañada con un

buen movimiento táctico y un despliegue físico importante. Hoy el fútbol es más físico que técnico. (ZOF)

—¿Y usted se adapta a satisfacción a esta realidad? (VÍCTOR HUGO)

—Sí, porque yo siempre he elegido a los futbolistas bien dotados técnicamente, pero tienen que tener lucha. Si no luchan, no sirven, porque son medios jugadores. (ZOF)

—Es cierto, el fútbol es juego y lucha. (PERFUMO)

EL GRUPO

Jorge Solari, diciembre de 2004

—El técnico está en su derecho de poner y sacar jugadores, pero el futbolista de ahora no lo acepta tanto, el de antes era más respetuoso. (JORGE SOLARI)

—Hoy hacen algunos gestos cuando les toca salir, que en nuestra época no sucedían porque nuestros propios compañeros nos mataban si reaccionábamos así. (PERFUMO)

—Yo tengo una costumbre cuando tomo un plantel. Les digo: «Muchachos, todos suplentes». Cuando yo los pongo, no me agradezcan, no me regalen nada, pero cuando los tengo que sacar hay que aguantársela..., porque si no los voy a pelear en la mitad de la cancha, eh... (risas). Yo paro la chata desde el vamos. (JORGE SOLARI)

—Lo importante es tener un buen grupo a nivel humano. Es curiosa la forma en que vos lográs que sea operativo. (PERFUMO)

—Puede ser curiosa, Roberto, pero hay que armar el grupo, eh. Porque cuando ganás diez partidos el grupo se arma solo; la cuestión es armarlo cuando los resultados no son buenos. (JORGE SOLARI)

—Pero se empieza a ganar porque hay un grupo que está empezando a aparecer. (PERFUMO)

LA GRAVITACIÓN

Días después de que el Boca de Bianchi ganara
la Copa Libertadores 2003, se habló con Diego Cagna
(capitán del equipo) de la influencia del entrenador

—Pocas veces, ante la pregunta ¿cuánto gravita un director técnico en un equipo de fútbol?, se puede responder tan enfáticamente: muchísimo, como en el caso del Boca de Bianchi. Hay detalles en los que a veces no reparamos ni siquiera los periodistas. Una vez, Gustavo Barros Schelotto contó que después de un partido que Boca había ganado por la noche en Santa Fe, los que no habían viajado, a las nueve de la mañana del otro día, con mucha sorpresa vieron que llegaba a la práctica a la misma hora que ellos Carlos Bianchi. Eso significa, para el jugador que ni siquiera había participado en el banco de suplentes la noche anterior, que el técnico lo sigue mirando, lo sigue estimulando. (VÍCTOR HUGO)

—Eso valoriza mucho al que no juega. El jugador sabe que es tenido en cuenta como si fuera titular. (PERFUMO)

—*Es así. Todos están motivados y preparados anímicamente para afrontar un desafío.* (CAGNA)

—En Bianchi también se destaca la simpleza para dirigir. Una vez me dijo que él prefiere darle a los jugadores una orden sola para que la cumplan, y no diez para que cumplan cinco. (PERFUMO)

—*Bianchi es sencillo y muy claro, no tiene ningún secreto.* (CAGNA)

—Tiene uno solo: el del éxito. (PERFUMO)

EL AFECTO

Los ex jugadores Fabián Carrizo y Patricio Camps,
octubre de 2003

—*Los técnicos hacen una diferencia importante, más allá de sus conocimientos tácticos y estratégicos, en el manejo de lo psicológico y lo afectivo. Cuando un jugador sabe que el técnico es buena gente, ve que trabaja, que se preocupa, el compromiso es mucho mayor.* (FABIÁN CARRIZO)

—¿Es necesario el afecto en el vínculo jugador-técnico? (PERFUMO)

—*Yo creo que sí. Es necesario. La mayoría de los jugadores necesita ese afecto, para sentirse contenidos, tranquilos y para que en su lugar de trabajo haya un clima cordial que transmita felicidad.* (CAMPS)

—*El jugador es un ser frágil que en este medio se tiene que poner una coraza para luchar contra muchas cosas, como mucha gente en la vida cotidiana. Por eso remarco lo de ese hilo afectivo entre el jugador y el técnico, que no significa que no haya un límite. El jugador sabe muy bien que ese límite existe.* (FABIÁN CARRIZO)

—Yo creo que sin afecto no hay vínculo positivo, no hay crecimiento en la relación. Pasaron cuarenta años y sigo sintiendo el mismo afecto por Pizzuti que cuando él era el técnico del Racing campeón de todo y me tenía al trote marcándome los límites. (PERFUMO)

LA RENUNCIA

Osvaldo Piazza, en octubre de 2003

—Osvaldo, ¿tiene que renunciar un técnico? (PERFUMO)

—*A veces no queda otra. Uno puede hacer respetar el contrato, ¿y qué pasa?, hay situaciones que no se pueden revertir, sobre todo en clubes con muchos jugadores nuevos. Tengo una propuesta futbolística que para mí es buena, pero después no se dan los resultados y empiezan las dudas: ¿es éste el camino?, ¿no me estaré equivocando?* (PIAZZA)

—Yo creo que si los técnicos escucharan más a los jugadores, les iría mejor. (PERFUMO)

—*Sí, seguramente. El técnico no siempre tiene que tener la verdad, y si está abierto al diálogo puede consensuar alguna cosa con el jugador.* (PIAZZA)

—Yo pienso que cuando la relación de un técnico con la gente se quiebra por los malos resultados, la respuesta para la pregunta de si un técnico tiene que renunciar es que no hay otra salida. Porque hay un aspecto humano que uno tiene que respetar, ¿quién se banca tantas situaciones hirientes? (VÍCTOR HUGO)

—Pero el técnico no debería ser cómplice de un sistema que se lo devora ante dos malos resultados. Si renuncia, está alimentando el sistema. (PERFUMO)

—*¿Y si el técnico es el culpable del mal rendimiento?* (PIAZZA)

—Es que no es culpable, es responsable. Y esas palabras no son sinónimas. Es responsable de que un jugador haya errado un penal, porque él lo designó para patearlo, pero no es culpable de que la pelota haya ido a la tribuna, porque él no lo pateó. Hay que tener en claro esa diferencia a la hora de repartir culpas o responsabilidades. En muchos casos, el técnico renuncia porque se cree que es el culpable, y no es así. Y la palabra culpable te sentencia. (PERFUMO)

—*También influye la capacidad de absorción que tenga el técnico para soportar tanto malestar. Porque cuando son cuatro o cinco los que insultan, hay una cierta presión, pero cuando el número crece, el contagio aparece e insultan todos.* (PIAZZA)

—La mano del dirigente influye en todo esto. Pregunto: ¿Cuál es la pretensión de un equipo que contrata a catorce jugadores nuevos? ¿Salir campeón? Ése no es un proyecto, es una perinola. (PERFUMO)

—La forma de que el técnico no sea cómplice con el sistema, a mi entender, es haciendo valer todo su contrato. A los clubes les tiene que doler económicamente cuando echan a un entrenador o lo presionan para que se vaya. Osvaldo, cuente cómo es la secuencia del abandono al director técnico, cómo lo van llevando a la renuncia. ¿Qué va ocurriendo? ¿Usted pierde un partido y entonces...? (VÍCTOR HUGO)

—*Y ya empieza el malestar, se acerca un dirigente y dice: «¿Qué mal jugamos, no?». Te mandan la pregunta con la respuesta incluida. Hasta ahí no hay problema; ahora, cuando hablan de un jugador ya se corta el diálogo de mi parte, del equipo hablemos to-*

do lo que sea necesario, pero de los jugadores individualmente, no.
Y esto va llevando a otros comentarios, y la bola va creciendo...
(PIAZZA)

—Y te llaman a una reunión para evaluar lo que no evaluaron antes. (PERFUMO)

—*Sí, hay reuniones donde se habla del equipo, algunos están de acuerdo, otros no, por supuesto...* (PIAZZA)

—Renato Cesarini era un maestro para manejarse en esas reuniones. Un día una de esas reuniones se puso brava y uno de los dirigentes empezó a decirle que el equipo cada vez jugaba peor y frases de ese estilo. Renato lo interrumpió y le preguntó: «¿Y usted a qué se dedica?». «Yo tengo una relojería», respondió el dirigente. «Bueno, dijo Renato, cuando hablemos de relojes me va a interesar su opinión.» *(risas)* (PERFUMO)

También hablamos de este tema
con Edgardo Bauza

—¿Se debe ir un técnico antes de terminar su contrato? (PERFUMO)

—*Creo que el técnico se tiene que ir por sí solo cuando no encuentra la manera de revertir la situación y se da cuenta charlando con los jugadores y viendo que no tiene la respuesta de ellos.*
Después se puede revertir cualquier cosa. Siempre que el discurso del entrenador le llegue bien al plantel, se puede mejorar y seguir.
(BAUZA)

—¿Pero no tiene que modificar actitudes y conductas cuando observa que el equipo no gana? (PERFUMO)

—*Sí, por supuesto. En Rosario Central, por ejemplo, estábamos jugando con línea de cuatro y nos iba mal, entonces me reuní con el plantel, cambiamos el esquema y salimos subcampeones.*
(BAUZA)

—¿Cuando se reunió con el plantel escuchó a los jugadores o el cambio lo basó en algo que directamente le transmitió usted a ellos? (VÍCTOR HUGO)

—Charlé con ellos y les di la posibilidad a los más veteranos pa-
ra que fijaran su posición. Y arribamos a un acuerdo que evidente-
mente era lo que nos faltaba. Y así salimos adelante. (BAUZA)

LA PSICOLOGÍA

Jorge Rocco, médico psiquiatra, y Darío Mendelsohn,
licenciado en Psicología, hablaron del complejo
rol del entrenador

—El rol del técnico a veces se torna insoportable. Hoy es asistente social, motiva, cuenta cuentos, entrena, tiene que ser ajedre-
cista durante el partido, lo llaman los jugadores en las vacaciones
porque tienen conflictos con el contrato. Llega a la mañana al entrenamiento y tiene treinta problemas: un jugador está lesionado, el
otro tiene enferma a la hermana, y así. Yo me retiré de la profesión
por eso, hay que ser entrenador las 24 horas los 365 días del año.
(PERFUMO)

—Y además agregale a eso su historia personal. (ROCCO)

—Por supuesto. Y aunque el entrenador tenga ayudantes, tenga
un equipo de trabajo, son muchos los problemas que debe afrontar:
la relación con la prensa, la dirigencia, el plantel, su propio cuerpo
técnico, la hinchada. Porque además tiene al barra brava que le pin-
cha la goma del auto cuando el equipo no gana. Creo que es un rol
muy loco, que da muchas ganas de agarrarlo porque da poder. Y además, genera esa adrenalina de caminar por la cornisa que se extraña cuando no se tiene. Pero por el otro lado te devuelve cada cache-
tazo tremendo. (PERFUMO)

—Es tan exigente el medio que no le da margen para el error ni
para la reparación. Solamente lo que vale es el éxito. Entonces, en
una sociedad que se va construyendo a través del éxito, los que no
lo tienen son descartables. (ROCCO)

—La figura que se me ocurre para referirme a los entrenadores
de hoy es la que significaba Ringo Bonavena: «Cuando suena el
gong, te sacan el banquito y te quedás solo». Vos podés estar rodea-

do por tus colaboradores, pero hay un momento que es de absoluta soledad, que es cuando tenés que decidir, por más que tengas elementos para disminuir el margen de error. Es un momento de soledad y, además, sabés que después los insultos son para vos porque esto forma parte del juego. Es un lugar muy estresante y muy difícil de sostener. (MENDELSOHN)

—Por eso dicen que el banco de suplentes es como la silla eléctrica. (PERFUMO)

—Hace poco estuvo en el programa Oscar «Cachín» Blanco y nos contó una anécdota que sintetiza esto que ustedes dicen. Contó que Jorge Ginarte estaba dirigiendo a Atlético de Rafaela en un partido por el Nacional B en Tucumán, y su equipo ganaba 1-0. Los tucumanos atacaban por todos lados buscando el empate, y Jorge, desesperado, le preguntó al preparador físico cuánto faltaba. «Seis minutos», le respondió. Entonces, Ginarte miró hacia el cielo como buscando una ayuda celestial y gritó: «¡Qué profesión ésta!». Seis minutos eran la vida para él. (VÍCTOR HUGO)

Las frases

«Hasta que uno no alcanza una consagración, la persigue afanosamente, pero yo he sentido una sensación de vacío el día que me tocó salir campeón. Me puse a pensar: ¿Y ahora qué?»

OSCAR TABÁREZ

«Cuando dicen que hay que morir con la de uno, yo digo que hay que vivir con la de uno. Y vivir es cambiar.»

ROBERTO PERFUMO

«Creo que la táctica es un punto de partida, pero no es la solución a todos los problemas de un equipo de fútbol. Soy un convencido de que los equipos que empiezan no son los que terminan. Uno empieza de una forma y después al equipo lo terminan de delinear los jugadores. El entrenador tiene que tener la capacidad de encontrar ese sustento, que es la táctica, para que ellos rindan en plenitud.»

GUSTAVO ALFARO

«Puede haber un jugador tonto, un dirigente tonto, un periodista tonto. Pero no puede haber técnicos tontos, porque enseguida se los come el miedo.»

JORGE SOLARI

«Los entrenadores trabajamos tácticamente con el jugador, pero la impronta la tienen que poner ellos. Es lo que pasaba con Alberto Olmedo, le daban el argumento y él después inventaba.»

JUAN JOSÉ LÓPEZ

«Hay muchos técnicos que dicen: "vamos a atacar, vamos a atacar", pero llenan el pizarrón de volantes y defensores.»

Roberto Perfumo

«Si el dirigente que me contrata como técnico a las dos fechas me echa, él se tiene que ir primero, porque se equivocó feo en la elección.»

Jorge Solari

«En el fútbol no hay recetas que te garanticen el éxito ni hay medidas para prevenir el fracaso.»

Gustavo Alfaro

«Yo desde adentro de la cancha dirigía todo. En los últimos años en River me masajeaba más la garganta que las piernas, pero cuando como técnico me paré adelante del primer plantel, no sabía qué decirle.»

Roberto Perfumo

Momentos

Los mejores

—*Siempre discrepé con elegir al mejor jugador. Porque Marado-na y Pelé no atajaban mejor que Mazurkiewicz, no cerraban mejor que el Chivo Pavoni, no cabeceaban mejor que Santillana...* (Luis Garisto)

—¿Para ver a quién pagarías una entrada? (Víctor Hugo)

—*Yo antes pagaba entrada sólo por ver a Garrincha.* (Luis Garisto)

Los goles de Astrada

—Te acordás muy bien de todos tus goles. (Perfumo)

—*Es que hice ocho nada más.* (Leonardo Astrada)

—¿Le quedó la sensación de que pudo haber convertido más go-les, siendo un poco más egoísta? (Víctor Hugo)

—*Sí, pero cuando llegaba al borde del área y agarraba algún re-bote, no pateaba pensando en hacer el gol..., tenía miedo de que re-botara la pelota y viniera el contragolpe.* (Leonardo Astrada)

—¡Eso es responsabilidad! (Víctor Hugo)

Capítulo 7

Táctica y estrategia

*Ahí están: son el juego adentro del juego, la pata oculta de un
mueble que amaga tener todo a la vista, la variante para lo que ya
está hecho, la sorpresa en una escena construida para dar
sorpresas, el saber de una actividad sin universidades, la
arquitectura de una realidad que nunca se construye del mismo
modo. Ni son jugadores ni son arcos ni son césped y, no obstante,
los hombres, el tiempo o lo que sea las volvieron protagonistas.
Táctica y estrategia: dos palabras con un lugar en la cancha.*

El futbolero le tiene un poco de miedo a la palabra
orden porque cree que eso va contra el arte.
Mi concepto es opuesto: yo creo que orden es arte.

VÍCTOR HUGO

Los equipos se arman de atrás para adelante.
Digan lo que digan. Cuando vas perdiendo, sacás al pobre
marcador de punta y ponés un mediocampista o un delantero.
Cuando vas ganando y te expulsan a uno,
sacás a un punta y ponés a un defensor.

CARLOS BILARDO

Hablar de fútbol es hablar de táctica y estrategia, sobre todo en países donde la pasión que despierta el fútbol transforma a muchos de sus habitantes en técnicos potenciales.

Más allá de libros, de diferencias y de variantes, la gente que sabe pasó por el programa.

EL EQUIPO IDEAL

Durante mayo de 2003 realizamos una encuesta en la que participaron los televidentes para elegir con qué dibujo táctico jugaría su equipo ideal.

Éstos fueron los resultados:

22,3% con enganche
16,1% con línea de tres
14,6% con tres de punta
13,7% con línea de cuatro
11,7% con carrileros
9,8% con dos de punta
5,4% con doble cinco
3,6% otra opción
2,5% un número cinco
0,3% sin enganche

**Equipo ideal
según el hincha**

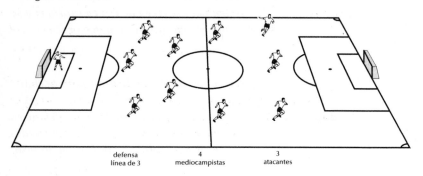

| defensa
línea de 3 | 4
mediocampistas | 3
atacantes |

LA MIRADA DE BILARDO

Carlos Salvador Bilardo, 2 de junio de 2003

—Hay algo notable que ocurrió con una encuesta que realizamos en el programa. La mayoría de la gente que ha votado, al elegir cómo quiere que su equipo se pare en la cancha, pide línea de tres. La formación ideal es: el arquero, línea de tres, doble cinco, dos carrileros y tres de punta. (VÍCTOR HUGO)

—No dirige Carlos este equipo, me parece. Por lo menos, con tres delanteros. (PERFUMO)

—*Sí, tal vez con un mediocampista más en vez de tres de punta, puede ser. Con un mediocampista bueno reforzás la mitad de la cancha, que hoy es vital. En 1988, Rinus Michel dijo: «El futuro del fútbol está en el centro del campo». Y si vos tenés ahí buenos jugadores, vas a andar bien. Pero hay otro problema: vos jugás con Platini o con Zico, y te marcan a ese hombre. Entonces, ¿qué hacés cuando te lo anulan? Yo aprendí de Maschio en Racing, cuando volvió de Italia. Mi función era tomar a todos los volantes creativos, era una papita, ¡si jugaban en una quintita de 20 metros en esa época! Entonces vino Maschio y me llevaba a correr por toda la cancha. Yo decía: «Cómo puede ser que está atacando Racing y yo an-*

do por acá». Fue así que Osvaldo (Zubeldía) empezó a pensar en cómo contrarrestarlo. (BILARDO)

—Estás diciendo que para romper esa marca el creativo tiene que mostrar una gran movilidad, y mucho talento. Además, era más fácil planificar antes porque la película era más lenta. (VÍCTOR HUGO)

—*Si ves un video de los primeros mundiales, ves un tipo que lleva la pelota, y la lleva, y la lleva, y el contrario no entra en el cuadro. Ahora no, ahora ves un video y en el centro del campo hay veinte.* (BILARDO)

Carrileros

—*Hay muchos equipos que ahora juegan con tres defensores. Algunos jugadores me preguntaron con relación a los mediocampistas laterales: Bilardo, ¿cómo es esto? Cuando practicábamos jugar con tres defensores, quedaban los dos volantes por las bandas. Y entonces surgía la pregunta: ¿Cómo ubicamos a esos que van y que vienen? Entonces, en una práctica le puse un anillo al carrilero derecho del equipo titular y otro al carrilero izquierdo del equipo suplente. Ves, como una parejita. Van y vienen. ¿Y quién gana? Y, gana el más fuerte, el más técnico, el que corre más, el más inteligente. Es una pulseada de uno contra uno.* (BILARDO)

—¿Un anillo de compromiso le pusiste? (PERFUMO)

—*Claro, es un compromiso. Es una parejita que va y viene. Toda la tarde están así.* (BILARDO)

—Pero a vos no te gusta la palabra carrilero. (PERFUMO)

—*No me gusta. Creo que está mal llamado carrilero. En España me volvían loco. Yo les decía: Carrilero es el que va por autopista, viste que hay carteles: «no salga de su carril». Ése es el carrilero. Creo que el jugador, además de ir por el carril, se tiene que mover por toda la cancha, a pesar del combate que tiene con el carrilero de enfrente.* (BILARDO)

Derrumbando excusas

—*Una vez Cucciuffo (José Luis), que jugaba en Boca, declaró después de un partido: «Así no se puede jugar contra estos equipos que se vienen a defender». El martes vino al entrenamiento de la selección. Lo llamé y le dije: «¿Ustedes tienen un jugador que llegue hasta la línea de fondo y tire el centro bien chanfleado? No, me dijo. ¿Tienen un cabeceador? No. ¿Tienen dos que puedan entrar tocando? No. ¿Tienen un tipo que le pegue desde afuera? No. Entonces la culpa es de ustedes».* (Bilardo)

—Es que cada día es más complicado vulnerar a las defensas tan cerradas. (Víctor Hugo)

—*Es complicado si el equipo sabe defender. Cuando el técnico en la práctica pone a once que ataquen contra cuatro que defienden, tardan diez minutos en hacer un gol. Si le ponés cinco, más. Y si le ponés siete, una eternidad. Con siete tipos que defienden bien es muy difícil que hagan un gol. Imaginate lo que sucede cuando hay diez defendiendo.* (Bilardo)

A pensar

—A mí me gusta la marca hombre a hombre en el sentido de la responsabilidad personal, porque la zona delega demasiado, nadie tiene la culpa. (Víctor Hugo)

—*Eso mismo decía Zubeldía. En una charla en la que nos juntábamos todos los jugadores se planteó el tema de a quién le correspondía marcar al nueve contrario. Los dos marcadores centrales decían: «Era de él», «era mío»..., entonces Zubeldía sentenció: «Uno encima y el otro juega de líbero». Y ahí empezó el tema del líbero para nosotros. Puso a Madero sobrando y a Aguirre Suárez a marcar y se acabaron los problemas.* (Bilardo)

—Hoy no se puede hacer esa marcación, por los mediocampos tan poblados y la cantidad de jugadores que llegan al ataque. Hacer hombre a hombre, perseguir, no tiene mucho sentido. (Perfumo)

—¿Por esa época nace lo que yo denomino la «trampa del offside»? (Víctor Hugo)

—Sí, Osvaldo Zubeldía lo trabajaba mucho y además no había televisión que lo mostrara. Nosotros salíamos y quedaban en offside cinco, seis... hasta que un día vino Gianni Rivera[1], amagó pasarla, se metió con la pelota entre medio de todos y nos hizo el gol en la cancha de Boca, por la final Intercontinental (1969). Pero era una jugada fácil que nos daba grandes resultados. Hasta que Osvaldo fue y explicó por televisión cómo se contrarrestaba. Yo le dije: Osvaldo, ¿para qué le dice a todos la solución del problema? Y él me dijo: Así me hacen pensar. (Bilardo)

El técnico y los esquemas

Manuel Pellegrini, en ese entonces entrenador
de River Plate, 5 de junio de 2003

—¿Cómo es su esquema táctico ideal? (Víctor Hugo)

—Mi ideal es tener una línea de cuatro que esté bien coordinada. Yo creo que por más que pongamos once defensores, si no sabemos defender, nos van a hacer goles igual. Es importante saber defender con el número de hombres con el que nos encuentre la jugada y por el sector donde esté la pelota. (Pellegrini)

—Y tratar de que haya un jugador más que los que tiene el rival. (Perfumo)

—Creo que cada jugador tiene una función defensiva en su sector, en su puesto. Hay muchos técnicos que piden que los delanteros bajen con el lateral hasta el área propia... bueno, yo quiero que el delantero trabaje muy intensamente en su sector hasta que lo superen y después ya estará esperando una segunda línea, de la mitad de la cancha hacia nuestro arco. Los volantes ofensivos tienen que trabajar intensamente en la recuperación de la pelota en su sector, no venir hasta el área nuestra a recuperar, sí en su sector para tra-

---

[1] Ídolo italiano, crack del Milan de la década del '60.

tar de tener el balón lo antes posible. A mí me gusta jugar con dos volantes un poco más retrasados, más centralizados, para lograr esto. (PELLEGRINI)

—El doble cinco. (PERFUMO)

—*Sí, lo he hecho en River y también en San Lorenzo. Tiene que ver mucho la característica de esos dos volantes con la proyección en ataque que tengan los laterales. Si son dos laterales ofensivos, cuando uno se convierte en atacante, creo que tienen que quedar cinco compañeros recuperando la pelota: los tres defensores y los dos volantes de contención.* (PELLEGRINI)

—Los laterales atacan uno por vez, ¿no? (PERFUMO)

—*Sí, uno por vez. Cuando va uno se queda el otro.* (PELLEGRINI)

—¡Qué interesante lo del jugador que tiene que marcar en su sector y no seguir obstinadamente al que se le va!, aunque también está la variante táctica en la que a veces el delantero está obligado a seguir al defensor hasta su área. (VÍCTOR HUGO)

—Esto que dice Manuel es como una permuta. Hasta acá lo marco yo, pero cuando entra a tu zona lo marcás vos. Se permuta la marca. Te la paso a vos, es tuyo. (PERFUMO)

—*Si hacemos que se desgaste el enganche por bajar con el cinco contrario al área nuestra, después el equipo no tiene salida y él no tiene las piernas necesarias para crear. Tampoco le podemos decir que sólo mire y no haga nada cuando pasan por su lado, ¿no?* (PELLEGRINI)

—¿Qué tiene de ventaja la línea de cuatro sobre la línea de tres en defensa? (VÍCTOR HUGO)

—*Para mi gusto, crearle espacios a una línea de tres es fácil. Basta que uno de los hombres de punta le haga tomar la diagonal a uno de los defensores de los costados para que el desdoblamiento del mediocampista le gane la décima de segundo al carrilero y le aparezca con ventaja en el área.* (PELLEGRINI)

Creando espacios en la línea de tres del rival

jugador que parte a buscar el pase

volante que se distrae

recibe el pase por el desmarque de su compañero

pasador de balón

defensor que sigue al delantero

delantero que se desmarca hacia adento del área en diagonal

—Si tengo que jugar con tres en defensa, prefiero que sea con líbero y stopper. Pero la línea de tres en zona me provoca la misma sensación de indefensión que menciona Manuel. (Víctor Hugo)

—*Lo que sí es claro es que aunque yo tenga una línea de cuatro, cuando mi equipo tiene la pelota defendemos con tres. La diferencia se produce cuando nos atacan a nosotros y llegan cerca de nuestra área, cada uno ya tiene que estar en su sector por la anchura misma de la cancha, donde tres no alcanzan.* (Pellegrini)

—A veces se forma una línea de cinco. (Perfumo)

—*Sí, claro. Y de seis también, como el Brasil de Scolari en Corea-Japón.* (Pellegrini)

Ventajas del doble cinco

—*Yo creo que un equipo mientras más pueda estar volcado en campo contrario más ofensivo es. En cantidad, por supuesto, des-*

pués la calidad la aportan los jugadores que definen técnicamente la jugada. Si cada vez que atacamos tenemos que retroceder el equipo cincuenta metros porque nos salen en contragolpe, ahí suceden los conflictos. Si de diez jugadas en las que atacamos y la pelota es rechazada por la defensa contraria, podemos reconvertir seis o siete en un nuevo ataque, vamos a seguir siendo más ofensivos. (PELLEGRINI)

—¿Y eso se logra con el doble cinco? (VÍCTOR HUGO)

—*Para mí, sí. Pero no tienen que ser dos marcadores, ni pegadores de patadas. Tienen que ser recuperadores de pelota y, una vez que lo hacen, dársela a los creadores rápidamente.* (PELLEGRINI)

—Si es a uno o dos toques, mejor. (PERFUMO)

—*Sí, por supuesto.* (PELLEGRINI)

Dos o tres delanteros

—¿Tres delanteros bien de punta son más fáciles de marcar que dos? (PERFUMO)

—*Sí, creo que es más fácil, que el equipo genera menos fútbol y que al final retrocedemos un poco en el tiempo y volvemos al mano a mano de wines contra laterales. Para un defensor no hay nada más difícil que cuando le aparece gente desde atrás.* (PELLEGRINI)

—Exacto, los defensores pierden las referencias. Yo jugué contra tres delanteros y contra dos. Y era más difícil marcar a dos porque estaban obligados a una movilidad mayor y dejaban espacio para que llegara gente desde atrás, que es lo más dificultoso de contrarrestar para un defensor que está parado, mientras que el contrario llega a la carrera y saca ventaja. (PERFUMO)

LA DEFENSA

Línea de tres

*Julio Falcioni, entrenador de Olimpo, de Bahía Blanca,
y Fernando «Pecoso» Castro, técnico del América de Cali,
junio de 2003*

—¿No te parece que hay menos juego si defendés con línea de tres, menos salida de los laterales? (Perfumo)

—*Con línea de tres proponés el partido de manera más ofensiva, porque poblás más el medio. Para eso tenés que tener jugadores disciplinados, ordenados y aptos para cada función.* (Falcioni)

—Fernando, hay varias formas de jugar con línea de tres, ¿no? (Perfumo)

—*Sí, a mí me gusta la línea de tres, pero con uno de los zagueros que sobre y marcando cada uno su zona. Línea de tres en zona, no hombre a hombre.* (Castro)

—Es decir, que por más que se muevan los delanteros tus defensores no se mueven. (Perfumo)

—*Exactamente, yo no hago marcación personal.* (Castro)

—¿Para armar una línea de tres tiene que ser con tres marcadores centrales? (Víctor Hugo)

—*Sí, para mi gusto.* (Falcioni)

—A veces los defensores no están preparados para jugar en línea de tres. (Víctor Hugo)

—*Claro, es mucho más el espacio que hay que cubrir. El defensor enfrenta muchas veces mano a mano al delantero, cosa que con la línea de cuatro no sucede tanto porque, además, tiene al volante de contención metido en esa línea. Con la línea de cuatro, el defensor se siente más protegido, y la línea de tres es generalmente uno contra uno, tener buena lectura de la jugada y saber ganar el mano a mano.* (Falcioni)

—Sin embargo, es más difícil jugar con cuatro atrás, porque la sincronización y los relevos son clave. Hay que utilizar mucho la cabeza para tener una eficaz línea de cuatro que trabaje coordinada. (PERFUMO)

LA PUJA

Horacio Ameli, defensor de River Plate,
junio de 2003

—¿Les cabecean mucho en el área a ustedes? (VÍCTOR HUGO)

—*No demasiado. Nosotros aplicamos un sistema defensivo que aísla mucho el peligro de gol.*

Nos paramos en el área grande, no permitimos que los que llegan para cabecear nos metan dentro de nuestra área chica. Así evitamos que cualquier pelotazo que un contrario peina se convierta en gol.

Hay muchos centros que no tienen peligro por sí mismos, pero si vos estás muy metido cerca de tu arco se convierten en peligrosos por cualquier rebote. (AMELI)

—Ustedes sacan a los delanteros de la zona de peligro, saliendo ustedes y dejándolos en offside. (PERFUMO)

—Por eso los centros de los marcadores de punta o los carrileros a River no le duelen tanto. (VÍCTOR HUGO)

—*Sí, la clave es ganar la puja, porque si me ubico para defender al lado de mi arquero, lo llevo conmigo al contrario y el peligro aumenta.* (AMELI)

LÍNEA DE CUATRO

Javier Mascherano, septiembre de 2004

—*Nosotros jugamos en River con línea de cuatro, pero al jugar contra dos delanteros, uno de los marcadores de punta sube un poquito para ayudarme a mí en la contención en el medio; si no, nos sobrarían dos jugadores atrás y perderíamos a un jugador en otro sector del campo.* (Mascherano)

—Eso es muy interesante, porque la objeción que se ha hecho sobre la línea de cuatro es el desperdicio de cuatro jugadores para estar a veces pendientes de uno o dos delanteros rivales, y aquí hay un detalle táctico interesante en Astrada, su técnico. (Víctor Hugo)

—*Creo que la virtud está en tratar de que los dos puntas no encaren con pelota dominada a los dos centrales, hay que tener cuidado con eso.* (Mascherano)

—Eso se llama primer combate, que es el que da el mediocampista antes que el defensor central. (Perfumo)

—*Sí, y uno de los marcadores de punta debe cerrarse y tomar a un delantero para que sobre un central, y el otro marcador de punta que sobra debe subir un poco para sumarse a la mitad de la cancha.* (Mascherano)

**Lateral más arriba
y más al medio**

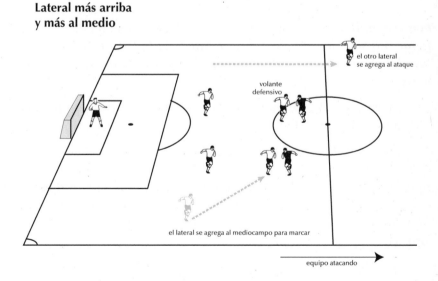

el otro lateral se agrega al ataque

volante defensivo

el lateral se agrega al mediocampo para marcar

equipo atacando

SITUACIONES

Jorge Fossati, entrenador de la Selección de Uruguay,
octubre de 2004

—*Creo que a nivel de selección no puede haber un drama tan grande, aun con los mismos jugadores y sin realizar cambios, para pasar de una línea de tres a una línea de cuatro.* (FOSSATI)

—¿No creés que tiene que ver con la característica de los jugadores, de los defensores precisamente? (PERFUMO)

—*Es importante que al menos tengas uno de los zagueros que pueda jugar de lateral sin problemas, porque si arrancás con tres zagueros y los tres son centrales y ninguno de ellos puede pasar al lateral, ahí sí estás obligado a hacer un cambio para pasar a línea de cuatro. Pero también siguen existiendo acá y en el mundo defectos conceptuales de los defensores, hay cosas elementales que están en la primera página del manual de un zaguero o de un lateral, que no se cumplen.* (FOSSATI)

—¿Cuáles son? (PERFUMO)

—*Por ejemplo, muchas veces ves que cae una pelota al segundo palo y el lateral está mirando hacia el lado de la pelota, no está perfilado, no sabe lo que pasa a su espalda, salta sin saber y le paran la pelota con el pecho detrás de él. Ése es un error conceptual.* (FOSSATI)

—Y en el área chica a veces hay que marcar de adelante, para que no te anticipen. (PERFUMO)

—*Y jamás dejarle el lado de adentro. Siempre les digo a los jugadores que si el delantero está entre el arquero y yo, estoy mal parado. Volviendo a lo del juego aéreo, pienso que la mayoría de las veces en que los defensores son anticipados es porque sólo miran la pelota. Hay que insistir mucho sobre esto en el trabajo diario.* (FOSSATI)

Cómo marcar
correctamente

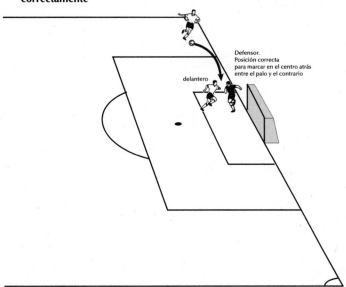

delantero

Defensor.
Posición correcta
para marcar en el centro atrás
entre el palo y el contrario

Posición incorrecta
para marcar

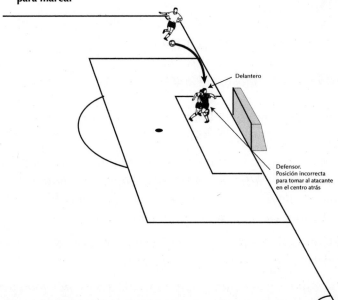

Delantero

Defensor.
Posición incorrecta
para tomar al atacante
en el centro atrás

**Encandilarse
con la pelota**

Delantero   Defensor

El mismo defensor
va hacia la pelota
y deja libre la marca

EL MEDIOCAMPO

LA MODALIDAD DEL DOBLE CINCO

Leonardo Astrada, agosto de 2003

—Me parece que lo del doble cinco no era para usted. (VÍCTOR HUGO)

—*No, porque me limitaba. Si bien tenía la posibilidad de correr menos, no podía participar tanto en el juego. El del doble cinco es hoy el puesto de moda, antes todos los equipos jugaban con un cinco solo y ahora casi todos lo hacen con dos.* (ASTRADA)

—El cinco verdadero me parece que necesita cancha, un espacio grande donde ser patrón. (VÍCTOR HUGO)

—*Necesita espacio para poder moverse y más que nada para que cuando tiene que armar juego pueda hacer el abanico.* (ASTRADA)

—¿Qué es el abanico? (PERFUMO)

—*El abanico es, por ejemplo, cuando la jugada está por derecha vos te tirás atrás de la jugada para poder recibir y abrir para el otro lado.* (ASTRADA)

—También se llama «dar la vuelta», de izquierda a derecha o viceversa. Jugando la pelota hacia atrás y haciéndola pasar por los centrales, llevándola de una banda a la otra. (PERFUMO)

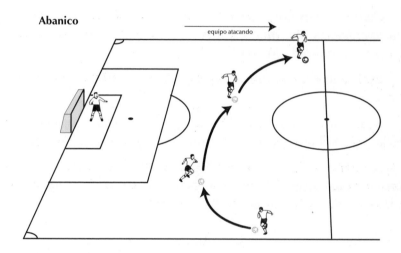

Abanico

equipo atacando

Héctor Veira, técnico de San Lorenzo,
y Reinaldo Merlo, técnico de Estudiantes,
septiembre de 2004

—*Ahora están con el doble cinco, es la nueva moda.* (VEIRA)

—¿Y vos lo utilizás? (VÍCTOR HUGO)

—*A veces. Hay algunos equipos que juegan bien con doble cinco, por ejemplo el Arsenal de Inglaterra.* (VEIRA)

—*Este sistema es para utilizar en algunos partidos. En otros no hace falta.* (MERLO)

—Carlos Bianchi en algunos partidos jugó con triple cinco en Boca, utilizando a Battaglia, Serna y Traverso. (PERFUMO)

—*Claro, con tres y un enganche. Y hay equipos que juegan con tres atrás y cuatro en el medio con doble cinco... y hay algunos que juegan con cuatro atrás y doble cinco, también...* (VEIRA)

—¿Pero cuántos jugadores te quedan para atacar? Pocos, en lo teórico. (PERFUMO)

—*En el fútbol tradicional siempre vimos equipos con cuatro en el fondo, dos de recuperación, dos de juego y dos puntas, tratando en lo posible de que haya variantes.* (VEIRA)

—*Cuando tenés dos volantes de recuperación trato que sea uno de recuperación y otro mixto, que recupere y que juegue, arme jugadas y pase al ataque.* (MERLO)

—*¿Sabés qué fue lo que se perdió, Mostaza? El número ocho...* (VEIRA)

—Sí, lo que era Jota Jota López, el que empezaba la jugada. Después la seguía el enganche y la terminaba el goleador. (PERFUMO)

—*Se perdió el Didí, el primer organizador, el que daba la primera instancia del juego. Esa figura se perdió. Y ahora de a poquito están tirando al costado al enganche, también.*

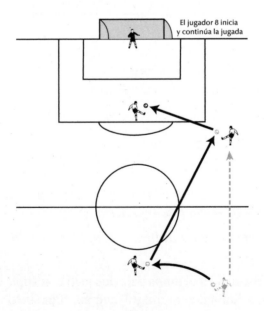

El jugador 8 inicia
y continúa la jugada

—*Fíjate que Brasil ganó el último Mundial sin punteros, jugando con Ronaldinho, Ronaldo y Rivaldo. Lo que pasa es que la técnica individual simplificó todo, en este caso.* (VEIRA)

—Pero más allá de la técnica individual, ¿no hay una modificación táctica si ponés un cinco o dos? (PERFUMO)

—*Sin duda, no hay posiblemente tanto traslado de pelota jugando con dos cinco, porque tienen que pasarla rápido. Pero se agregan los dos carrileros que para jugar con ese sistema tienen que tener una gran dinámica, y pasan a ser los que trasladan la pelota y la llevan al área rival. Si cualquiera de los carrileros no tiene esa dinámica, el sistema táctico se rompe, es ineficaz. Una de las formas de complicar este sistema es con los cambios de frente. Cuando se hace un cambio de frente y no llega el lateral volante de ese costado a defender, hay problemas. Por eso los carrileros tienen que ser una máquina de ir y venir, de área a área.* (VEIRA)

*José Pekerman, flamante técnico de
la Selección Argentina, septiembre de 2004*

—*Un doble cinco con dos jugadores de marca es una cosa, pero un doble cinco con un volante central y un organizador es otra. Por ejemplo, Luis González o Verón parten desde el centro, pero no son doble cinco.* (PEKERMAN)

—No pondrías a dos jugadores del estilo de Mascherano, porque usás dos volantes muy parecidos, de corte y recuperación de la pelota, y el mediocampo queda descompensado al tener a dos que hagan lo mismo. (PERFUMO)

—*Claro, ésa es la diferencia.* (PEKERMAN)

—Así tenemos un mediocampo compensado. (VÍCTOR HUGO)

ENGANCHE Y DOBLE CINCO

Roberto «Tito» Pompei, agosto de 2004

—Ustedes los creativos dependen de los sistemas, si los demás les pasan la pelota. (PERFUMO)

—*Cuando uno juega en mi posición, a la pelota la buscás. Yo he tenido técnicos que me decían «para este partido no vayas tanto a buscar la pelota, quedate un poco para que salga alguno de los defensores». Entonces en esos casos perdés el imán que para nosotros, los enganches, es la pelota y por alguna circunstancia te quedás un poco más de punta o un poco más a la izquierda. Porque leés el partido y ves que el tres se proyecta, entonces te quedás a la derecha de tu ataque buscando ese hueco que dejó el lateral. Cualquier equipo, aunque no juegue con un enganche definido, tiene en alguno de sus cuatro volantes a uno que se hace enganche porque la pelota tiene que superar la mitad de la cancha con juego y alguien tiene que acompañar a los dos delanteros.* (POMPEI)

—Un mediocampo equilibrado siempre tiene un creativo, o tendría que tenerlo. (PERFUMO)

—En la vorágine en la que se desarrolla el fútbol hoy día, donde vemos que la tendencia de casi todos los equipos es prestarle mucha atención a la marca, eso obliga a tener a uno de esos jugadores que con un solo toque clarifica todo en la mitad de la cancha, que limpia el juego, y también que con su pegada resuelve situaciones. (VÍCTOR HUGO)

—Estás hablando de algo clave. La precisión en la fricción y la velocidad. (PERFUMO)

—¿Ha jugado en equipos con doble cinco? (VÍCTOR HUGO)

—*Sí.* (POMPEI)

—¿Qué le da y qué le quita ese sistema? (VÍCTOR HUGO)

—*Tiene que ver con la característica de cada jugador en ese puesto. Yo recuerdo al Negro Marcelo Gómez, que era un cinco para jugar solo, por capacidad física, porque él iba a la derecha, a la izquierda... y por ahí con un doble cinco estos jugadores tienen muy coartada la posibilidad de movimientos y se pierden.* (POMPEI)

—A Astrada uno no se lo imagina como doble cinco. Y fíjense que River es uno de los pocos equipos que no juega con doble cinco hoy. (Víctor Hugo)

—*Mascherano puede jugar solo, de cinco clásico.* (Pompei)

—Pero las tendencias en el fútbol son imbatibles. (Víctor Hugo)

—Yo creo que con este sistema son muchos jugadores en la parte defensiva. Si jugás con línea de cuatro y tus marcadores de punta no atacan mucho y además ponés un doble cinco, tenés siete jugadores nada más que para defender contando al arquero. (Perfumo)

—*Todos los sistemas son buenos y malos, porque con todos los sistemas hubo equipos campeones: con los que jugaban de contragolpe, los que jugaban al toque, los que jugaban todos atrás. Y muchos han fracasado también con estos sistemas.* (Pompei)

—Pero River no puede jugar en su cancha contra algunos equipos guardando nada más que el cero en el arco. Está obligado como todo equipo grande a hacer el gasto, a protagonizar. Y el doble cinco aparece como más defensivo, porque quitás un jugador de ataque para ponerlo en el mediocampo. (Perfumo)

Rubén Capria, mayo de 2003

—¿El enganche se queda sin trabajo? (Perfumo)

—*No, a la larga se impone el que intenta jugar bien. En el fútbol están los dibujos tácticos, pero yo creo que la diferencia entre tanta paridad la hace lo impensado, el momento de inspiración de cada jugador. Zidane es inmarcable. La creatividad, principal rol del enganche, siempre será necesaria.* (Capria)

—Sí, pero el técnico aumenta las posibilidades para el talentoso de su equipo. Lo que se rota, lo que se trabaja para rodear a Capria, por ejemplo, es tarea del técnico. Después, Capria se inspirará para hacer las cosas que hace. (Víctor Hugo)

—*Sí, claro. Los demás se esfuerzan para que yo pueda crear y no los tengo que defraudar. Eso es un equipo.* (Capria)

LOS DELANTEROS

PUNTEROS, EXTREMOS, WINES...

Ricardo Bertoni y Sergio Batista,
abril de 2003

—¿Se habían terminado los punteros? (VÍCTOR HUGO)

—*No, nunca. Siempre hubo punteros. Para mí, los partidos siempre se ganaron por las bandas.* (BERTONI)

—Sí, pero ahora también aparecen los marcadores de punta por ahí... (PERFUMO)

—*Yo creo que no son lo mismo los marcadores de punta que atacan que los punteros.* (BATISTA)

—Los marcadores de punta llegan cansados y además no tienen vocación de atacantes. (PERFUMO)

—*Cuando quisieron hacer desaparecer al puntero jugando con marcadores volantes o marcadores tirados al ataque, tomaron más importancia los marcadores de punta.* (BERTONI)

—*Claro, porque antes había wines wines. Ahora los wines son mediocampistas defensivos. Si juegan con dos volantes centrales y dos por afuera, esos dos no tienen la habilidad de los wines de antes porque no tienen alma de delanteros.* (BATISTA)

—Se van a enojar algunos, pero los punteros de antes, a veces, intervenían poco en el juego. (PERFUMO)

—*Y a veces pasábamos tres o cuatro minutos sin intervenir.* (BERTONI)

—Y quince, también... (PERFUMO)

—*Pero, ¿sabés qué era lo importante, Roberto? Vos sabías que yo estaba abierto, para descargar la pelota y jugar conmigo sin mirarme.* (BERTONI)

—Es verdad. ¿Y van a aparecer wines? (PERFUMO)

—*Voy a ver divisiones inferiores y todos quieren ser enganches, todos quieren ser centrodelanteros.* (Bertoni)

—Yo pienso que los punteros van a volver cuando haya mayor protección para el jugador que se anima a encarar. (Víctor Hugo)

—*Pero hay protección. Antes te pegaban de atrás y no pasaba nada. Ahora es expulsión. Han cambiado para bien muchas reglas.* (Bertoni)

—*Cuando yo dirigía a Talleres de Córdoba, intenté jugar con wines. Los puse a Diego Bustos y a Emanuel Ruiz. Pero se me complicó por los jugadores que tenía en la mitad de la cancha, en el tema defensivo. Aposté a eso y me tuve que ir. El equipo no tenía recuperación, es cierto, pero yo apostaba al arco de enfrente... y perdíamos 5-4.* (Batista)

—Pero si no tenés gente en el medio, ¿cómo hacés? Creo que no perdías por tener wines. (Perfumo)

—*Es verdad, pero no necesariamente tengo que poner siete mediocampistas defensivos para agarrar la pelota.* (Batista)

—Claro, si ponés siete que juegan mal, igual perdés. (Perfumo)

—*En la época que yo jugaba, el delantero no necesitaba correr al hombre que pasaba al ataque del equipo contrario. Volvías hasta la mitad de la cancha y esperabas ahí.* (Bertoni)

—Era otra mentalidad. El puntero no venía con el lateral que se le iba. Y eso estaba mal. (Perfumo)

—*Yo no lo seguía. ¡Sabés las cosas feas que me decía el Chivo Pavoni!* (Bertoni)

—Hay una anécdota de Marcelo Bielsa cuando dirigía a Vélez. Martín Posse, el puntero, obligado a retornar con la marca de Juan Pablo Sorín, le dijo: «Si vuelvo con él para defender, después me quedo sin fuerza para atacar». Y Bielsa le respondió: «Bueno, hable con Sorín, negocie con él para que no suba». (Víctor Hugo)

—Pero también es una cuestión de vocación de marca. El delantero no tiene vocación para marcar. Y además es distraído, siempre llega un segundo tarde. (Perfumo)

—*Pero podés aprender. Yo aprendí de grande. Lo incorporé en Italia.* (BERTONI)

—*Ahora si vos tenés un siete como Bertoni y lo dejás parado en la mitad de la cancha, ¿el tres se va?* (BATISTA)

—Bueno, ésa es la eterna puja entre los técnicos durante el partido. Yo creo que no. Pero hay que tener coraje para indicarle a Bertoni que se quede arriba para que el lateral de ellos también se quede para marcarlo. Es cuestión de jugársela cuando estás dirigiendo y tenés que tomar decisiones. (PERFUMO)

DOS PARECIDOS

José Pekerman, septiembre de 2004

—Cuando juegan dos puntas, ¿se pueden parecer? ¿Batistuta y Crespo jugarían juntos en su equipo? (VÍCTOR HUGO)

—*Hay un argumento bastante sólido para explicar esto. No es fácil el entendimiento entre jugadores similares, como tampoco es fácil el entendimiento entre jugadores que por distintos motivos nunca convivieron dentro de una cancha. Tampoco podemos decir que es imposible.* (PEKERMAN)

—Yo creo que cuando hay dos que están para terminar la jugada, se resta uno en la creación, para armar y llegar al gol. Yo no pondría a dos centrodelanteros parecidos, por lo menos desde el arranque. Ahora, si estoy atacando constantemente y la pelota está mucho tiempo en el área rival, pongo dos delanteros de área para tener más chances de gol. (PERFUMO)

—*Para avalar que jueguen dos centrodelanteros, la gente suele sumar los goles de los dos.* (PEKERMAN)

—Sí, pero suman los goles de cuando juegan solos. (PERFUMO)

—Y a veces, en el fútbol, sumar es restar. (VÍCTOR HUGO)

La pelota siempre está suelta

Luis Garisto, 28 de abril de 2003

—*Yo digo siempre que todos los sistemas son buenos si el juga-dor está convencido. Si no está convencido, el sistema no funciona. Si el músico no está convencido, desafina.* (Garisto)

—Sí, pero también los partidos son hijos de cómo se presentan. (Víctor Hugo)

—*Lo que pasa es que este deporte es de meta opositora, vos pa-ra llegar al objetivo tenés que traspasar la oposición del adversario, que piensa igual que vos. La pelota la mueve el adversario también, porque aunque vos la tengas, la pelota en el fútbol siempre está suel-ta. No es como en el rugby o en el basquetbol, que está agarrada con las manos, acá siempre está en disputa. No porque estoy cerca de la pelota tengo la posesión de ella. Por eso es lindo el fútbol. Éste es un juego bárbaro. Y por eso nos apasionamos. Yo puedo estar ha-blando 48 horas seguidas de fútbol sin dormir. Porque me encanta y quiero aprender. Uno nunca lo sabe todo del fútbol. Porque con la pelota suelta todo es posible.* (Garisto)

El presionador presionado

El entrenador Patricio Hernández, mayo de 2003

—*Lo que sucede con los equipos grandes es que la presión de sumar más gente a la mitad de la cancha o a la delantera ocasiona una aglomeración de jugadores que le quitan el espacio a los crea-tivos. Los talentosos necesitan un poco de espacio para crear el jue-go. ¿Cómo se logra?... y, tal vez, si el equipo se repliega se obtiene un poco de espacio en el medio. Muchas veces la gente pide la línea de tres en una mala teoría, porque al agregar un volante lo que ha-cés es ahogar a tu propio equipo en ataque.* (Hernández)

—Cuando presionás muy arriba en campo contrario para ob-tener la pelota, una vez que la conseguís quedás presionado vos. Porque juntaste tu gente para sacarle la pelota al rival, y cuando la obtenés tus jugadores están casi todos amontonados. Y tiene que haber una estrategia de dispersión para salir de tu propio ahogo. (PERFUMO)

EL FERRO DE GRIGUOL

Carlos Griguol, septiembre de 2003

—¿Cómo era su Ferro de los ochenta? (VÍCTOR HUGO)

—*Muy estratégico, porque nosotros hacíamos subir a los marcadores de punta Mario Gómez y Garré, y eran unas máquinas en el ida y vuelta, cosa que los rivales no podían contrarrestar.* (GRIGUOL)

—Ese Ferro corría más que los otros equipos y ganaba muchos partidos sobre el final, ¿por qué? (PERFUMO)

—*Sí, corría más porque el profesor Luis Bonini hacía un trabajo muy bueno.* (GRIGUOL)

—¿Cómo conseguían que ese equipo no cometiera faltas? (VÍCTOR HUGO)

—*Eso nace a partir de la autoridad del técnico, porque en las prácticas de todos los días no se podían hacer faltas, y el que hacía un foul se iba afuera. Al final de los campeonatos, nosotros éramos el equipo que menos expulsados había tenido y el que menos faltas había cometido.* (GRIGUOL)

—Yo creo mucho en los hábitos que se desarrollan en los planteles. El hábito de marcar sin falta es muy beneficioso para el equipo. (VÍCTOR HUGO)

—Sobre todo las faltas en ataque, porque desilusionan. (PERFUMO)

—*Quitar la pelota sin hacer foul es una virtud que se tiene que ensayar diariamente. No es cuestión del azar, hay que ensayarlo.* (GRIGUOL)

—Yo a Ferro lo seguí apasionadamente. Ferro fue una bandera de los años ochenta, una bandera de lo decente, de lo grato, de lo sutil... (VÍCTOR HUGO)

—*Es que la institución era así. Tenía que ver con la identidad, que nos obligaba a ser así.* (GRIGUOL)

—¿El equipo era ofensivo o defensivo? (VÍCTOR HUGO)

—*No sabíamos lo que era. ¡Mire si habrá sido bueno!* (GRIGUOL)

EXPERIENCIAS

Diego Simeone, marzo 2005

—*El orden debe ser absoluto en todos los equipos, sin orden no se puede jugar. Desde el orden se puede hacer todo.* (SIMEONE)

—Hay jugadores que por características se ordenan solos. (PERFUMO)

—*Sí, exactamente, pero hay otros a los que hay que ordenar. Y la tarea recae principalmente en los defensores, que ven de frente el partido. Y los que ven al fútbol de frente son los que lo ven mejor y pueden ordenar al equipo.* (SIMEONE)

—¿Ya le queda grande la cancha a un solo número cinco? (VÍCTOR HUGO)

—*Sí, le queda grande. Quizás acá en Sudamérica todavía pueda jugar un solo número cinco, pero en Europa no. En Europa la tendencia del juego es muy rápida, hay muchos movimientos sin pelota y el medio te queda grande. Salen mucho los delanteros a jugar al medio, entonces los defensores no logran salir y el volante se queda solo.* (SIMEONE)

—¿Qué experiencias puntuales ha ido recogiendo para su futuro como técnico? (VÍCTOR HUGO)

—*Yo siempre tomo apuntes de cosas que voy viviendo, para que en el futuro como entrenador tenga datos de qué hacer en algunos momentos. Estaba en la Lazio y siempre jugábamos con el mismo sistema. Pero en el partido con la Roma, que yo no jugué porque estaba lesionado, el técnico Zaccheroni cambió totalmente el sistema. Perdimos cinco a cero. Entonces anoté: partido importante no cambiar nada, no inventar nada.* (SIMEONE)

EL ACUERDO

Juan Pablo Sorín, junio de 2005

—¿Alguna vez la táctica dañó al jugador, le quitó rendimiento, convicción? (VÍCTOR HUGO)

—*Sería como exculparlo al futbolista decir que lo dañó la táctica. Siempre hay un momento para elegir, para ser uno mismo. La táctica no te puede esclavizar, no te puede condenar. Pero hay que tener la libertad y la personalidad para hacerlo. Te pueden dar una táctica para cumplir, pero con una sola es difícil ganar un partido si no le agregás la técnica individual, la gambeta, la sorpresa.* (SORÍN)

—¿La actitud con la que el técnico dispone al equipo gravita mucho? (VÍCTOR HUGO)

—*Sí, pero la actitud general del equipo se la dan los jugadores, lógicamente con un mensaje del entrenador.* (SORÍN)

—¿Al mismo grupo de jugadores un entrenador lo puede poner 20 metros más atrás o más adelante, al mismo grupo no lo puede hacer presionar a muerte o a hacerlo esperar? (VÍCTOR HUGO)

—*Creo que si el equipo sale a presionar, es también porque se siente fuerte presionando, los jugadores se sienten fuertes haciendo eso.* (SORÍN)

—Y hay otros que se sienten fuertes jugando de contragolpe. Pero esto enseguida se aprecia. Si el entrenador no ve la posibilidad que el jugador tiene individual y grupalmente, pierde el partido. Si no hay acuerdo entre el mensaje del técnico y lo que sienten los jugadores se produce un cortocircuito y se pierden los partidos. (PERFUMO)

Las frases

«O nos mintieron toda la vida o quien gobierna el mediocampo es normalmente el que maneja los partidos.»

JORGE FOSSATI

«La transición es cuando un equipo arma una estructura para atacar, pierde la pelota, rompe esa estructura y arma otra para recuperarla. Cuanto menos tiempo tarde en armar esa estructura nueva, mejor equipo será.»

ROBERTO PERFUMO

«En River te tenés que acostumbrar a que defienden tres: los dos marcadores centrales y el cinco. Los demás, van todos para arriba.»

LEONARDO ASTRADA

«En el Huracán del '73 había una trampa que no sé si fue descubierta por todos. Miguel Brindisi jugaba veinte metros adelante mío. Nosotros salíamos por izquierda, yo aprovechaba mi virtud de cruzar pelotas largas… después la agarraban Houseman y Brindisi y hacían la diferencia. Normalmente el ocho era el más defensivo y el diez el armador de juego, pero nosotros jugábamos al revés. En el noventa por ciento de los casos, salíamos por izquierda y definíamos por derecha.»

CARLOS BABINGTON

«Labruna decía: "Búsquese un buen arquero, un buen central, un buen cinco, un buen diez y un goleador... y después, los demás puestos cúbralos con sus familiares, si quiere..."»

Roberto Perfumo

Momentos

Aclarame, por favor

—Para un hombre que hace 30 años que ve caer centros en el área, como arquero primero y como técnico después, ¿qué ha cambiado para los arqueros y los defensores? Yo creo que no hay defensa en el mundo que ande bien por alto. ¿Qué ha cambiado en las áreas? (VÍCTOR HUGO)

—*Primero me gustaría, Víctor Hugo, que aclararas qué es eso de que veo caer la pelota en el área, ¿querés decir que cuando jugaba solamente la veía caer?* (risas) (JORGE FOSSATI)

—No, Jorge... te caían en las manos. *(risas)* (VÍCTOR HUGO)

—*Creo que lo que ha cambiado y sigue cambiando son los balones, detalle que se toma como una excusa, pero no lo es. Hoy el balón es mucho más rápido que años atrás.* (JORGE FOSSATI)

—*Cambiaron los balones, pero las manos siguen siendo las mismas... tienen cinco dedos...* (risas), *porque hay arqueros que habría que ver, ¿no?* (DARÍO SILVA)

La marca en la cara

—¿Cómo se deciden las marcas en un córner, en un centro? ¿Quién las distribuye? ¿El jugador pide marcar a un rival determinado o eso lo decide el técnico? (VÍCTOR HUGO)

—*En todos los equipos que estuve eso lo decidió el técnico. Recuerdo que cuando jugaba en Central Córdoba de Rosario me tocó marcar a Claudio Larramendi, que jugaba en Chicago y me sacaba dos cabezas. Yo tenía 18 años y en el primer centro que fuimos a buscar me aplaudió la cara con las manos. Era el enfrentamiento entre un especialista experimentado y un chico. Evidentemente, el técnico no había distribuido bien las marcas ese día.* (AMELI)

Capítulo 8

El fútbol de ayer, de hoy y de siempre

Dice el reglamento que el fútbol sólo pone a un equipo frente a otro equipo. No es verdad. La vida indica algo distinto. En el fútbol hay, por lo menos, otros dos partidos siempre en juego. En el primero, el presente se la pasa disputando un duelo desfavorable contra el pasado; en el segundo, también es el presente el que aborda un desafío complejo porque su rival es el futuro.

El fútbol es un juego instalado en la línea del tiempo, y al presente, ese equipo tan expuesto, nunca le es sencillo competir con los goles de la nostalgia o con la seducción perfecta del porvenir. Ambos partidos están abiertos.

No hay manera de no tentarse con jugarlos.

Me gustaría vivir hasta los cien años para
poder escuchar en el 2050 que el fútbol del 2000 era mejor.

ROBERTO PERFUMO

LOS NÚMEROS 10

El técnico Héctor Veira, junio de 2003

—*Para mí, en el fútbol actual los números diez no pueden dejar de hacer quince goles por temporada, porque el recorrido que tiene que hacer verticalmente en la cancha es mucho más corto que antes. El enganche de hoy es el nueve tirado atrás de nuestras épocas.* (VEIRA)

—El enganche tiene la obligación de llegar al área chica rival. (PERFUMO)

—*Exactamente, no puede ser que los carrileros, que tienen que hacer un mayor recorrido, lleguen más al área que los enganches. ¡No me entra en la cabeza!* (VEIRA)

—¿Cuál era la posición en la cancha del diez de antes? (VÍCTOR HUGO)

—*El diez era el clásico nueve tirado atrás que siempre llegaba al área. Pero atención, los números diez de antes llevaban el gol en el alma, no podían irse de una cancha sin haber hecho un gol.* (VEIRA)

—Yo creo que ahora se le pide al diez que marque más, entonces además de atacar y llegar al arco, también tiene que defender. (PERFUMO)

—*Lo que pasa es que no continúan la jugada en ataque. Cuando la pelota va por los costados, con los puntas, los laterales o los volantes, el diez tiene que llegar al corazón del área chica, si no, nunca va a convertir. Cuando vienen los centros de los costados, él tiene que estar ahí. El enganche no puede meter un pelotazo y agarrar los prismáticos para ver qué pasa, tiene que seguir la jugada y tratar de terminarla si le llega la pelota.* (VEIRA)

Juan Sebastián Verón, 21 de julio de 2003

—¿Cuál es la respuesta de su generación cuando se dice que el fútbol de antes era mejor? (VÍCTOR HUGO)

—*La respuesta es clara. Antes te dejaban recibir, dar vuelta, pensar. Era un fútbol totalmente distinto al que se puede ver hoy, por todo, por el espectáculo, por los negocios que hay detrás, por la televisión. Yo creo que la desventaja que se tiene actualmente es que se puede ver a cualquier equipo, entonces, estudiando al rival, elegís tu sistema de marcación con mucha mayor información que la que podías tener antes.* (VERÓN)

—Lo ideal es un mix con aquella técnica y esta táctica. (PERFUMO)

—¿Usted de qué juega, Sebastián? (VÍCTOR HUGO)

—*Yo juego en varios puestos.* (VERÓN)

—Descríbalos. (VÍCTOR HUGO)

—*Generalmente cuando se juega en el medio, hoy tenés que hacer de todo un poco, no es como antes, que el diez llevaba la manija del juego, el ocho era el que iba y venía, y el cinco se quedaba parado delante de la defensa. Hoy los sistemas han cambiado, los volantes tienen que atacar, defender y saber jugar con la pelota. Hay carrileros, y a mí me ha tocado jugar por los costados, y el que juega ahí también tiene que llegar a definir y tiene que saber defender.* (VERÓN)

—¿En dónde te acomodás mejor? (PERFUMO)

—*En el medio, al lado del volante central.* (VERÓN)

—Exactamente, ¿sería un ocho de antes? (VÍCTOR HUGO)

—*Sí, o un doble cinco que participa en la creación del juego.*

Creo que el ocho de antes jugaba mucho por la derecha y el doble cinco de hoy se mueve por toda la cancha. (Verón)

—Al ocho de antes también se lo llamaba peón de brega o fogonero, porque le daba combustible al juego. Era el que empezaba la jugada ofensiva. Después vino Jota Jota López, que era un jugador más del estilo de Sebastián. En el Estudiantes de Zubeldía le encontraron otra tarea al ocho, porque Carlos Bilardo marcaba al diez contrario, que hasta ese momento jugaba libre, casi sin marca. La recibía y se divertía, entonces Osvaldo le mandó al ocho para marcarlo. (Perfumo)

—*¡Y qué ocho le mandó, eh!* (Nota del editor: se refiere a Bilardo.) (Verón)

Carlos Timoteo Griguol, septiembre de 2003

—*Uno de los primeros técnicos que tuve fue Victorio Spinetto, y él me daba responsabilidades para manejar a los dos volantes que tenía a los costados.* (Se refiere a fines de la década del 50.) (Griguol)

—Al ocho y al diez. El diez casi no corría. (Perfumo)

—*Siempre venía caminando, era la norma.* (Griguol)

—¿El cinco marcaba al diez en esa época? (Víctor Hugo)

—*Sí, y muchas veces Spinetto me mandaba a hacer hombre a hombre sobre el diez rival. Si había algún diez que se tiraba muy atrás yo lo dejaba y lo agarraba el ocho o el once que retrocedía.* (Griguol)

—¿Trabajaban los otros volantes o ustedes, los números cinco, eran los únicos que recuperaban la pelota? (Víctor Hugo)

—*Yo recuperaba, pero los otros volantes hacían el juego.* (Griguol)

—Él ha jugado en equipos innovadores en cuanto al despliegue físico y a lo táctico. (Perfumo a Víctor Hugo)

—*Haber salido tercero con Atlanta fue como haber salido campeón.* (Nota de los autores: principios de la década del sesenta.) (Griguol)

La táctica y Zubeldía

—¿En qué época empezó a entenderse la táctica, a discutirse del asunto? (VÍCTOR HUGO)

—*Yo creo que el primero que la implantó fue Osvaldo Zubeldía, inicialmente en Atlanta y después en Estudiantes de La Plata en 1966.* (GRIGUOL)

—Vos jugabas en un Atlanta que se vestía todo de amarillo y cuando entraban a la cancha le tiraban claveles al público. (PERFUMO)

—*Sí, el preparador físico Adolfo Mogilevsky fue el que impuso la idea. Mogilevsky era uno de los mejores preparadores físicos; nosotros, corriendo, éramos aviones.* (GRIGUOL)

—¿Entrenaban doble turno? (PERFUMO)

—*Sí, éramos los únicos. En la primera media hora de partido no pasaba nada, pero después los pasábamos por arriba físicamente a todos, y sin tener una calidad técnica muy buena.* (GRIGUOL)

—¿Qué fue lo primero que usted recuerda que Zubeldía intentó en lo táctico? (VÍCTOR HUGO)

—*En ese momento Zubeldía hacía que el diez jugara cerca del nueve, y entonces yo, que era el cinco, tenía que cubrir ese lugar que dejaba el diez. Entonces, el ocho y el cinco formaban una especie de doble cinco de ahora. Pero cuando nos atacaban, los punteros bajaban inmediatamente para dejar armadas las dos líneas de cuatro, para equilibrar al diez que se quedaba de punta con el nueve.* (GRIGUOL)

—¿Y los jugadores creían en eso? (VÍCTOR HUGO)

—*Y, nosotros éramos provincianos, y llegábamos acá y nos hablaban Victorio Spinetto o el profesor Mogilevsky. ¿Y cómo no íbamos a querer cumplirles? Porque jugar en primera división después de haber estado en el Club Atlético Las Palmas, de Córdoba, ese salto al fútbol grande para mí era como conocer la Luna.* (GRIGUOL)

Artime padre e hijo, septiembre de 2004

—Vamos a hablar del fútbol de hace 30 o 40 años y el actual, a través de los espacios que había para jugar. Me gustaría reconocer, si están dispuestos ustedes que pertenecen a esa generación anterior, que había otras facilidades para jugar. Que Luis Artime y Roberto Perfumo jugaban dentro de un fútbol distinto. (Víctor Hugo)

—*Lo que pasa es que las tensiones son cada vez más fuertes en la actualidad.* (Luis Artime)

—La gran diferencia es la población del mediocampo. (Perfumo)

—*Los mismos comentaristas de fútbol definieron el fútbol de antes y el de ahora. Cuando antes daban la formación de los equipos, eran cinco los delanteros. Y ahora nombran a sólo un punta, y te lo dicen: «y de punta juega tal».* (Luis Artime, h.)

—¿Y dónde fueron esos delanteros? Al mediocampo. (Perfumo)

—*Uno de los primeros equipos que bajó a un puntero fue Boca, con Alberto González.* (Luis Artime)

—Todos fueron al medio, ahora defienden con tres. ¿Dónde fue el que falta?, al medio. De todas formas, creo que ahora los jugadores y los espacios son distintos. Yo le comentaba a Labruna: ¿Usted le dice a Alonso que es mejor que usted para agrandarlo? «No, se lo digo de verdad, me contestaba. Yo recibía la pelota de mi arquero de espaldas al arco contrario, la bajaba, la mataba con el muslo, me daba vuelta y recién enfrentaba al defensor. Eran otros espacios.» Ése es el principal cambio de aquel fútbol al actual: no dejar dar vuelta al rival con pelota dominada. Eso lo hacen todos ahora, los defensores contra los delanteros y los delanteros contra los defensores. (Perfumo)

—*Creo que en nuestra época, y antes que nosotros, había mucho más potrero que ahora. Los chicos a los quince años en Junín andaban con la pelota abajo del brazo, pero el mundo ha cambiado. Era salir de la escuela y al potrero, tomábamos la leche en cinco mi-*

nutos y otra vez potrero... y era de noche y jugábamos abajo de la luz de la vereda. (LUIS ARTIME)

—Eso pasaba también en todos los barrios, no sólo en el interior. (PERFUMO)

—¿Y eso qué generaba? (VÍCTOR HUGO)

—*Mucho más dominio, más técnica. Yo siempre digo que le pego mejor a la pelota ahora que cuando era profesional, por la práctica. Ahora los chicos tienen que hacer todo de laboratorio, nosotros hacíamos todo en el potrero.* (LUIS ARTIME)

—Pero, Luis, también había rústicos... (PERFUMO)

—*Ah, sí...* (LUIS ARTIME)

—Vos, por ejemplo, no tenías gran técnica. (PERFUMO)

—*Yo sabía que no podía tirar un túnel. La única vez que hice un túnel fue a Eliseo Mouriño en la cancha de Boca y no me cansé de pedirle perdón.* (LUIS ARTIME)

—¿Por qué? (PERFUMO)

—*Porque creía que era Edwards, que me mataba a patadas.* (LUIS ARTIME)

—¿Y por qué había que pedirle perdón? (VÍCTOR HUGO)

—Porque Eliseo Mouriño[1] era un ídolo, un emblema. (LUIS ARTIME)

Los adelantados: Moreno, Di Stéfano, Pelé, Holanda...

—Roberto Saporiti me dijo una vez que Holanda cambió el fútbol. Y tiene razón. Yo lo sufrí adentro de la cancha en el Mundial de Alemania. Empezó a presionar y generó un cambio enorme. Repartió equitativamente el campo y el esfuerzo. Todos defendían y todos

---

[1] Capitán de la Selección Argentina. Uno de los futbolistas más respetados de la historia. Mediocampista.

atacaban. A partir de ahí, en el mundo se empezó a trabajar diferente. A eso le llamo yo producir un cambio. (PERFUMO)

—*Sí, porque Holanda agarró un fútbol estático.* (LUIS ARTIME, H.)

—Todo el que se adelanta a su tiempo en el fútbol saca mucha ventaja. Los que por velocidad se adelantaron. Yo creo que Di Stéfano y Pelé fueron grandísimos jugadores, pero entraron con ventaja, se adelantaron como diez años en la velocidad del fútbol. (VÍCTOR HUGO)

—*Sí, pero también yo tuve como técnico al Charro Moreno, y lo que hacía con 50 años en los picados con nosotros era espectacular. Yo pensaba: "qué haría éste a los 20 años". Y uno va a México y sólo le hablan del Charro Moreno, ni Pelé, ni nadie.* (LUIS ARTIME)

—Hay jugadores que traspasan todos los tiempos. Passarella hubiera jugado en el '40 también. (PERFUMO)

—*Yo creo que Passarella, Albretch, Perfumo mismo, hubieran jugado en cualquier tiempo. Y hubieran jugado los Moreno, los Labruna...* (LUIS ARTIME)

—No es sólo el hecho técnico, también es social. Uno siempre fantasea en poner a Pedernera en este fútbol o a Michelini de cinco en La Máquina de River. (PERFUMO)

—*Sí, yo creo que los Ortega, los Saviola, los Tévez, jugarían en el fútbol de hace 50 años, 100 años, y van a seguir jugando porque son los jugadores que tienen calidad innata.* (LUIS ARTIME)

—*La diferencia que veo es que, por ejemplo, un jugador que es técnicamente limitado, pero te rinde las 19 fechas 6 puntos, te salva. Hoy no te salva el de 10 puntos. El equipo que tiene varios de 6 puntos es campeón.* (LUIS ARTIME, H.)

—Lo que quiero decir de este fútbol —que a mí me gusta más que aquél— es que hoy se trabaja en dominio de situaciones. Nosotros no trabajábamos eso. (PERFUMO)

—¿Cómo es eso del dominio de situaciones? (VÍCTOR HUGO)

—El equipo que domina la mayor cantidad de situaciones que se producen durante un partido tiene más chance de ganar. Se practican jugadas mecanizadas que te definen partidos, y son con pelota en movimiento. Hoy se trabaja, por ejemplo, en cómo salir de la presión del mediocampo, jugadas de ataque, que antes ni se soñaban que se podían practicar. (PERFUMO)

A TREINTA AÑOS VISTA

Jorge Mario Olguín y Alberto Fanesi, técnico de Vélez, julio de 2004.

—¿Ha cambiado mucho el fútbol de los setenta, ochenta, para acá? (VÍCTOR HUGO)

—*Sí, ha cambiado mucho. Se corre más, se piensa menos y creo que faltan jugadores como Bochini, Trobbiani, Maradona, que podían armar una jugada en una baldosa.* (OLGUÍN)

—Pero son distintos tipos de jugadores. Conceptualmente, la técnica que se utiliza hoy no es parecida a la nuestra. (PERFUMO)

—*Creo que mantenemos un nivel de riqueza técnica importante, pero sucede que perdemos muy rápido a aquellos que pueden ser estandartes de esa técnica. Jorge (Olguín) mencionaba a Bochini, a Trobbiani..., ¿cuánto tiempo vimos jugar a Bochini, a Alonso y cuánto tiempo vimos jugar a Saviola y a Aimar? Los perdemos muy jóvenes, se van muy rápido al exterior. Si esos jugadores estuvieran en la Argentina el nivel sería muy importante. En aquella época no había casi ventas a otros mercados, los equipos se repetían por cuatro o cinco años, y hasta los chicos los decían de memoria. Hoy repetir una formación de un año para otro es imposible.* (FANESI)

—Y el fútbol entra por los ojos. El chico que a los cinco o seis años pudo ver a Bochini, a Alonso o a Ermindo Onega, tuvo buenos espejos para mirarse. Yo iba a la cancha a ver un partido y después le copiaba gestos técnicos a los jugadores y los intentaba hacer en el potrero. (PERFUMO)

—*Sí, se intentaba copiar a los buenos jugadores. Igual yo pienso que el nivel del fútbol se está emparejando para abajo.* (OLGUÍN)

—¿No estarás extrañando vos y te ponés nostálgico? (Perfumo)

—*Es posible que uno extrañe ver a los grandes jugadores.* (Olguín)

—*Me parece a mí que se acortaron las diferencias. Hace treinta años, ir a jugar a Colombia para un equipo argentino era casi un divertimento. Ahora vas a jugar a Colombia y el resultado es incierto. En Europa pasa lo mismo. Y yo no creo que hayan bajado los de arriba, para mí crecieron los de abajo.* (Fanesi)

—Es cierto, hace 40 años no podíamos ir a jugar a Australia, por ejemplo, porque no había equipos. Y el fútbol ha acortado distancias, porque al lugar donde va, se queda, enciende la llama de la pasión. (Perfumo)

—*Pero, además, yo creo que ha cambiado la esencia del juego en el fútbol. Los equipos de los setenta o los ochenta eran mucho más parecidos en el funcionamiento, mucho más lentos, más esquemáticos. Ahora se mezclan la línea de tres con la línea de cuatro, los volantes tienen una dinámica que antes no tenían.* (Fanesi)

—Es cierto, juegan todos de todo, casi. (Perfumo)

—*Hasta es muy difícil interpretar la táctica porque cada uno de los entrenadores la adapta a su idea y es muy funcional. Hoy no hay un patrón de juego fijo que nos lleve a decir "hoy se juega de esta manera".* (Fanesi)

—Yo pienso que el jugador es más atleta, un atleta que juega, y antes éramos jugadores que corríamos. (Perfumo)

—*Antes prevalecía mucho más el jugador técnico y en los planteles había una gran cantidad de futbolistas de excelente riqueza técnica. Hoy, como el atleta tiene ingreso a ese nuevo fútbol, de repente sin una excelencia técnica puede jugar en primera división. Antes no se veía a esos jugadores de físicos portentosos porque el fútbol no lo exigía. El entrenamiento era distinto. El calzado, la pelota, el campo de juego, eran distintos.* (Fanesi)

—Es una condición innata del tiempo, que modifica todo. Así que, ¿cómo no va a ser todo distinto, si lo que estamos comparando pasó hace 40 años? (Perfumo)

Las frases

«Antes los zagueros centrales agarraban la pelota y se la daban al volante. Si Perfumo o Basile tiraban una pelota a la platea de Racing, los silbaba todo el estadio. Antes era prohibitivo que un central tirara la pelota a la tribuna. Se perdió la exigencia por el espectáculo, la belleza.»

OSVALDO «CHICHE» SOSA

«En el fútbol de hoy la belleza pasó a ser una *rara avis*, y en este sentido uno la disfruta más. Ver que un tipo hace jueguito cuando nadie lo marca, no tiene mucha gracia. Ver que un tipo metió esa jugada lujosa aun con la tremenda presión del equipo rival, te la hace gozar mucho más.»

ALEJANDRO DOLINA

«La velocidad en el fútbol cambió a partir de la Selección de Holanda en 1974. Fue una revolución en el fútbol mundial, a partir de allí se empezó a jugar mucho más rápido.»

RICARDO BOCHINI

Momentos

Sin pensar

—Jorge, en la corrida del gol decisivo de la final de México '86 contra Alemania, ¿pensó en pasarle la pelota a alguien? (Víctor Hugo)

—*No, nunca lo pensé. Si lo hubiera pensado, por ahí lo erraba.* (risas) (Jorge Burruchaga)

—Pero estaba sólo Valdano acompañándote. (Perfumo)

—*No, yo nunca lo vi.* (risas) (Jorge Burruchaga)

Le gusta pegar

—Me alegra que al Pepi Zapata le vaya bien en Newell's porque es un gladiador de aquéllos. (Víctor Hugo)

—*Tácticamente es perfecto. Es un jugador muy inteligente.* (Sebastián Domínguez)

—*En todas las posiciones juega bien, donde lo pongan, él rinde.* (Luciano Vella)

—Con todo respeto, de nueve o de puntero no lo veo. (Víctor Hugo)

—*No, ahí no lo van a poner… porque le gusta pegar.* (risas) (Luciano Vella)

Capítulo 9

El arquero

Dos cosas le caben en las manos: el oro o el vacío. Y algo peor: lo sabe. Lo sabe desde chiquito, porque eso que hace se hace desde chiquito o no se hace. Lo sabe desde cuando hubo algo o alguien que lo empujó a un lugar distinto, a un reto casi sin auxiliares, a respirar con la tribuna en la espalda y el riesgo ante la frente. A, justamente, poner las manos. Y a algo peor: si atrapa el oro —o la pelota—, apenas cumple con su función; si se queda vacío —o sin pelota—, no sólo carga con su bronca sino con la de muchos. Oficio extraño de gente irrepetible, el arquero justifica su papel y su dificultad por una razón de honor: no cualquiera en la existencia puede ser número 1.

El primer atacante es el arquero.

JOHAN CRUYFF

El arquero es un jugador distinto. Vive en un mundo que está signado por situaciones extremas, porque el mínimo error puede ser fatal. En «Hablemos de fútbol» hemos recibido a varios de los mejores exponentes de un puesto que tiene secretos para descubrir.

VEINTE AÑOS NO ES NADA

En abril de 2004, Carlos Fernando Navarro Montoya
nos visitó y contó su experiencia de veinte años en el arco

—Desde aquel partido en el que debutaste hace veinte años hasta hoy, ¿el miedo al error fue disminuyendo? (PERFUMO)

—*Creo sinceramente que sin ese temor a fallar que tengo aún hoy, veinte años después, no podría jugar al fútbol.* (NAVARRO MONTOYA)

—El miedo lógico. (PERFUMO)

—*Me parece que es mentira que los jugadores no tengan miedo.* (NAVARRO MONTOYA)

—Porque si no tenés miedo, no activás los mecanismos de prevención. Sin miedo, es muy probable que te atropelle un auto al cruzar mal la calle. (PERFUMO)

—*El jugador antes del partido sueña con ser la figura, con hacer el gran gol, en mi caso con la gran atajada. Y para llegar a eso uno no se puede equivocar. Entonces todo el tiempo está jugando en la cabeza el tema del error, y yo creo que es sano. Es bueno que a uno le transpiren las manos. Veinte años después, en las charlas técnicas, a mí me transpiran las manos.* (NAVARRO MONTOYA)

—Los defensores somos bastante compinches de los arqueros, por la cercanía en la cancha. No es casualidad mi amistad con Mario Cejas, el Tano Roma y el Pato Fillol. Debido a esa cercanía yo me pasé la vida tratando de que ningún arquero se me cayera encima, porque normalmente son grandotes y te pueden romper todo. Cuando caen después de la volada o después de un entrevero en el área, son muy peligrosos. (PERFUMO)

—El miedo tuyo se justifica porque son como trenes los arqueros cuando salen. Es una salida con mucha decisión, es un viaje sin retorno. Cuando se vuelve después de haber salido mal todo el estadio observa que el arquero acaba de hacer algo cercano al ridículo. (VÍCTOR HUGO)

—*Es que el gran enemigo del futbolista, no sólo del arquero, es la duda. El arquero no puede dudar, se puede equivocar, pero no dudar.* (NAVARRO MONTOYA)

—En realidad, lo que no puede es calcular mal. Es clave en el arquero el cálculo que hace para decidir si sale o no a cortar el centro, y además la manera en que lo hace. (PERFUMO)

—A mí me parece que la sensación de mayor autoestima del arquero aparece cuando caza un centro, cuando toma la pelota allá arriba por encima de varias cabezas. Ahí se siente el rey de la tarde. (VÍCTOR HUGO)

—*La sensación que sigo teniendo hoy en día de descolgar un centro con una mano es hermosa.* (NAVARRO MONTOYA)

—¿Es una cuestión técnica?, porque a veces se interpreta el agarrar la pelota con una mano como una canchereada. (VÍCTOR HUGO)

—*Sí, es una cuestión técnica, porque muchas veces con una mano uno llega más lejos. Cuando uno tiene que agarrar una pelota controlada, llega bien con las dos manos, pero a veces la pelota pasa y no queda otra que ir a buscarla con una mano.* (NAVARRO MONTOYA)

—Amadeo Carrizo lo hacía a la perfección. (Perfumo)

—*Sí, yo hablé mucho con Amadeo en mis comienzos. Y él tenía algo fundamental, de lo que hoy se habla poco: técnica. El puesto de arquero tiene una técnica y yo creo mucho en el trabajo de la técnica del arquero.* (Navarro Montoya)

—No está muy desarrollada la capacitación del arquero, ¿no? (Perfumo)

—*Ahora mejoró, porque antes no había demasiados entrenadores de arqueros que habían sido arqueros, y me parece que eso es fundamental. Ahora los entrenadores de arqueros deben trabajar mucho porque la pelota cambia casi todos los torneos y el tema de la modificación del reglamento que obligó a los arqueros a jugar la pelota con los pies, ha transformado el puesto. Creo que en la vida de los arqueros ése fue un punto de inflexión. Muchos creyeron que era en contra del arquero, pero por el contrario, sirvió para mejorarlo, para hacerlo más completo. A partir de ahí el arquero se convirtió en una parte integrante de la circulación de la pelota del equipo.* (Navarro Montoya)

El cambio

—¿Cómo era atajar en los ochenta y hacerlo ahora? (Víctor Hugo)

—*Primero y principal, no se había llegado a ese punto de inflexión del que hablábamos. Nos pasaban la pelota y la podíamos agarrar con la mano y tenerla todo el tiempo que quisiéramos.* (Navarro Montoya)

—¿Y usted qué modificó? (Víctor Hugo)

—*Yo me paraba distinto en los centros. Con los años aprendí a hacerlo de otra manera. Me paraba muy cerca de la línea del arco, ahora me paro casi en el borde del área chica, salvo cuando patea alguien con la pierna cambiada* (Nota del editor: por ejemplo, ejecutar un córner desde la izquierda con la pierna derecha.), *donde me cierro un poco porque la pelota puede ir al primer palo.* (Navarro Montoya)

—¿Por qué te colocás ahora en el borde del área chica? (PERFUMO)

—*Porque de esa manera tengo la posibilidad de llegar a una zona que es muy difícil para el arquero, que es la que está entre el borde del área chica y el punto del penal. Es una zona muy poblada, de mucho tránsito. Además, los centros vienen con mucha velocidad y la pelota se mueve, entonces, cuanto más atrás estás, es decir cuanto más cerca de la línea del arco te colocás, más lejos estás de ese lugar.* (NAVARRO MONTOYA)

—Es una excursión, es una aventura ir desde la línea del arco hasta el punto penal. (VÍCTOR HUGO)

—*Y otra cosa que aprendí es que yo quiero siempre mi área chica sin gente. Es mentira que al arquero lo protegen cuando lo rodean, le generan un problema más. Lo complican para que pueda moverse con libertad. A mis defensores siempre les pido que salgan lo más lejos posible de esa zona.*

Últimamente se están viendo centros que se convierten en goles directamente, porque hay mucha gente en el medio, nadie toca la pelota, y el arquero se queda sin tiempo para reaccionar. (NAVARRO MONTOYA)

El entrenamiento

—En los entrenamientos, ¿el arquero es el que se somete a mayores exigencias físicas? (VÍCTOR HUGO)

—*Sí, somos al revés que los jugadores de campo. Nosotros hacemos un gran desgaste durante la semana y por ahí tenemos menos exigencia física durante los partidos.* (NAVARRO MONTOYA)

—A mí me impresiona en los arqueros el despegue desde el suelo, la volada, donde la punta del pie junto con el gemelo actúan como una palanca que posibilita el vuelo. (PERFUMO)

—*Claro, siempre y cuando uno esté apoyado en la punta de los pies, como vos decís. Porque veo arqueros que apoyan toda la planta del pie y ése es un error, ya que cuesta mucho más despegar del suelo con toda la planta del pie apoyada. Don Alfredo Bermúdez, un técnico que tuve en mis comienzos en Vélez, me decía: «El ar-*

quero tiene que ser como una bailarina, siempre tiene que estar en puntas de pie». (Navarro Montoya)

—¿Por qué para realizar los saques de arco le pegás con la parte de afuera del pie? (Perfumo)

—*Porque, aunque les parezca mentira, la precisión en esa pegada la da el cuerpo. El cuerpo es el timón. Cuando uno quiere darle alguna dirección a la pelota, primero tiene que inclinar el cuerpo y después pegarle. No es cuestión de fuerza, es cuestión de justeza. Si le pegás con el cuerpo erguido, la pelota sale tipo proyectil, se eleva y después cae. Cuando uno inclina el cuerpo hacia adelante, la pelota sale recta, sin curvas, y llega más rápido al compañero que la recibe. Ganás tiempo.* (Navarro Montoya)

La falta del indiscutible y la madurez

Luis Islas, agosto de 2004

—En los últimos años de la Selección han pasado una infinidad de arqueros: Bossio, Cristante, Passet, Nacho González, Roa, Burgos, Bonano, Pablo Cavallero, Saja, Costanzo y Abbondanzieri. Muchos arqueros para no tantos años. (Víctor Hugo)

—*Lo que pasa es que el arco de la Selección no es lo mismo que el arco de un equipo, aunque las dimensiones sean las mismas. Lo que vivís en ese arco es totalmente distinto, porque sentís la presión de todo un país y no tenés margen de error.* (Islas)

—Cuando uno ataja para un club, el respaldo es unánime frente a aquellos ante los cuales se tiene una responsabilidad. Cuando se juega para la Selección el respaldo no es unánime. (Víctor Hugo)

—*No, porque hay que tratar de convencer a todos los hinchas del fútbol argentino, al de Boca, al de River, al de Chacarita, al de Huracán. Por eso siempre se dice que los que están afuera del arco de la Selección son los mejores, pero cuando éstos son convocados, los mejores pasan a ser los otros.* (Islas)

—En verdad, eso pasa con todos los jugadores. (Perfumo)

—*Pero ante la falta de indiscutibles, en el puesto del arquero es más evidente.* (ISLAS)

—El del arquero es un puesto que exige madurez y que a los 28, 30 años aflora todo el potencial, pero ahora se están destacando arqueros de casi 40 años. (VÍCTOR HUGO)

—*Yo maduré futbolísticamente a los 28 años en México, jugando en el Toluca. Hasta esa edad era muy volador, esperaba el griterío de la gente, el aplauso. A los 28 años experimenté un cambio, pero también sentí una maduración como hombre, como persona. Por eso es feo cuando al arquero lo tildan de veterano. Sí, sos veterano, pero si estás respondiendo, ¿cuál es el problema?* (ISLAS)

—¡Qué interesante! Vos estabas esperando el aplauso, jugabas para la tribuna, para afuera. De los 28 en adelante empezaste a jugar para adentro de la cancha. (PERFUMO)

—*Sí, era así. Yo volaba, sacaba una pelota, caía y quería escuchar el grito de la gente.* (ISLAS)

—Pero ésa es la sensualidad del puesto del arquero, tiene que haber algo de eso porque goles no pueden hacer. El goleador se cuelga del alambrado, festeja, tiene una catarsis para lo que siente. En el arquero es la atajada. Y cuanto más espectacular, mejor. He visto, Luis, a arqueros que se corrían un pasito para el costado para poder volar para el otro lado. (VÍCTOR HUGO)

—*¡Pero yo lo he hecho! Inclusive, y ahora suena tonto decirlo, yo quería inconscientemente que mi equipo no jugara bien para que me peloteraran. Prefería ganar 1-0 y que me mataran a pelotazos. A partir de la madurez, ya preferí que me llegaran una sola vez y ganáramos 5-0.* (ISLAS)

Los penales

—En el tema de los penales, la preparación que el arquero tiene hoy día con relación a lo que ocurría hace 30 años, mejoró ampliamente las posibilidades, porque a mí me da la sensación de que para el ejecutante es cada vez más complejo el asunto del penal, cada vez lo ve más grande al arquero. (VÍCTOR HUGO)

—*Yo digo que un penal bien pateado, fuerte y a un costado, es gol.* (Islas)

—Exacto, se tiene que patear fuerte. El penal tirado suave da más chance. (Víctor Hugo)

—*Sí, da una chance. Un penal fuerte y a un costado es muy difícil, salvo que el arquero se mueva mucho antes, pero el que ejecuta te ve y cambia la dirección rápidamente. Yo prefiero que le peguen suave, por la velocidad de la pelota y el tiempo que te da para poder reaccionar.* (Islas)

—Algunos sostienen que atajar un penal es una cuestión de suerte, de adivinar el lugar a donde va a ir la pelota. Goycochea no adivinaba, atajaba penales. Goyco leía la postura del cuerpo del ejecutante y también la mente. Cuando fui técnico de Olimpia, lo tuve como arquero. Una noche en la que atajó un penal decisivo ante Colo Colo, de Chile, le pregunté por qué se había tirado hacia su palo derecho. Y él me contestó: «Si vos sos derecho, y tenés que patear un penal decisivo, lo vas a querer asegurar. Y entonces lo tirás al lado más cómodo, que es, para el pateador diestro, el palo derecho del arquero». (Perfumo)

Penal cruzado

Pateador diestro

APRENDIZAJE

También en agosto de 2004, reunimos a
Roberto Abbondanzieri y Carlos Fernando Navarro Montoya

—Fernando, ¿no le empezó a dar un poco de envidia cómo saca el Pato Abbondanzieri desde el arco, usted que ha sido el rey en la materia? (VÍCTOR HUGO)

—*A mí me pone muy contento. Me acuerdo cuando entrenábamos juntos en Boca y lo practicábamos. Voy a decir delante de él lo que digo siempre: el Pato es un muy buen ejemplo para transmitirle a los chicos, de alguien que pasó de no tener esa virtud a trabajar con constancia en los entrenamientos y lograr algo muy importante para el equipo: pasar bien la pelota.* (NAVARRO MONTOYA)

—Cada vez que usted toma la pelota tiene como una obsesión por sacarla rápido y bien. (VÍCTOR HUGO)

—*Algunas veces surgen las imprecisiones por el apuro.* (ABBONDANZIERI)

—Es que si no te apurás, vuelven los contrarios a posición defensiva. (PERFUMO)

—La salida de los arqueros tiene actualmente un rol muy importante porque tanto con la mano como con el pie participan con trascendencia en el juego. ¿Cuánto vale una salida precisa desde el arco? (VÍCTOR HUGO)

—Vale una fortuna, porque respira todo el equipo, es una virtud del arquero que oxigena a todos sus compañeros. Esto es fundamental. ¿Saben lo que es correr detrás de los contrarios para quitarles la pelota, después dársela al arquero y que se la devuelva a los contrarios? Es horrible. (PERFUMO)

—La velocidad que le dan a la pelota es decisiva para que llegue al receptor antes que al defensor. Porque el tiro llovido de los arqueros, aquello que en otros tiempos era normal, el tiro de sobrepique allá arriba y la pelota que no caía nunca, ya no se ve. (VÍCTOR HUGO)

El desgaste

—¿Es distinto el desgaste en el arquero? (PERFUMO)

—*Yo me desgasto mucho en lo psicológico. Termino con muchos dolores en las piernas. Un partido donde no te llegan nunca, tenés el miedo a que te lleguen una vez y te conviertan. Todos esos nervios van a parar a las piernas. Yo bajo dos kilos por partido.* (ABBONDANZIERI)

—¡Nada más que de nervios y concentración! Y de esa angustia que normalmente no se explica y que existe: «Ahora estos tipos van a atacar una sola vez y me meten el gol». (VÍCTOR HUGO)

—Si tu equipo erra dos o tres goles, peor es la angustia, por eso de que el que erra goles recibe. En Brasil dicen: «Quein no faz, toma». Además, los arqueros tienen un gran desgaste físico en la semana. Lo que entrenan es tremendo, están tres horas, después viene el peloteo, después el trabajo de piernas, la reacción. (PERFUMO)

—*A mí me gusta ser arquero, pero en invierno se complica. Te pueden llegar a pegar un pelotazo en la cara a las nueve de la mañana, y esas mañanas frías con rocío son terribles.* (ABBONDANZIERI)

—Además, el arquero siempre se queda pensando que el gol que le convirtieron lo pudo haber evitado. Incluso los que no son culpa de él. (VÍCTOR HUGO)

—*Es así, hasta en un penal. La cabeza no para de trabajar con eso hasta varios días después del partido. Y si la culpa es cierta, hasta un par de meses.* (ABBONDANZIERI)

EL DETALLE

*Ricardo Gareca, un goleador de raza
y un técnico muy observador, rescató un detalle
interesante del mundo de los tres palos*

—*Ese trabajo con remates muy seguidos en forma continua que se realiza con los arqueros produce un acostumbramiento a rechazar la pelota antes que a agarrarla. Sería mucho más apropiado que se hagan trabajos con menos repeticiones en los remates para que le den al arquero un mayor tiempo de recuperación y pueda acostumbrarse a agarrar la pelota. Porque luego ese hábito se traslada a los partidos.* (GARECA)

—¡Qué importante lo que dice, Ricardo! Ni en mis mejores sueños de fútbol se me hubiese ocurrido rescatar un detalle así. (VÍCTOR HUGO)

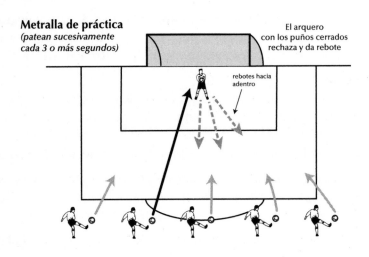

Metralla de práctica
(patean sucesivamente cada 3 o más segundos)

El arquero con los puños cerrados rechaza y da rebote

rebotes hacia adentro

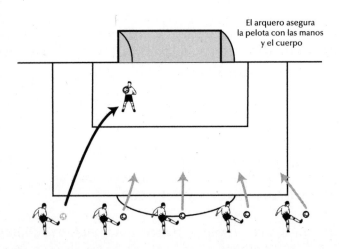

El arquero asegura la pelota con las manos y el cuerpo

Las frases

«Nosotros tenemos una función bastante antipática en el fútbol, que es evitar lo más lindo, que es el gol.»

«Si saco una pelota desde el arco y le va a la cabeza a mis delanteros, es un mal saque. La pelota tiene que ir al pecho o al cuerpo, para que no sea dividida y pueda dominarse lo más pronto posible.»

CARLOS FERNANDO NAVARRO MONTOYA, por dos

Momentos

Mala suerte

—¿Creés en las cábalas? (PERFUMO)

—*Yo creo que todos los jugadores somos medio cabuleros. Yo no soy supersticioso, pero sí, alguna cábala tengo.* (IVÁN ZAMORANO)

—Se pierde mucho tiempo con la superstición. (PERFUMO)

—*Sí, y aparte trae mala suerte ser supersticioso.* (risas) (IVÁN ZAMORANO)

¡Poné wines!

—¿Te acordás cuando te discutían? (PERFUMO)

—*¡Qué tiempos! Yo me acuerdo que hasta mi padre me decía: «Poné wines, poné wines». Íbamos con Víctor Hugo a dar algunas charlas al interior, alguien levantaba la mano para preguntar, y la pregunta siempre era la misma: «Bilardo, ¿por qué no pone wines?» Y yo les decía: «¡Y dale con los wines!».* (CARLOS BILARDO)

Hijos vs. Padres

—Vos ya firmaste contrato como profesional, ¿cuántos partidos tenés en Primera? (VÍCTOR HUGO)

—*Tres.* (FEDERICO HIGUAÍN)

—¿Y usted los vio los tres, Pipa? (VÍCTOR HUGO)

—*Sí, uno lo sufrí. Estábamos dirigiendo en Racing con el Pato Fillol y jugamos contra River, que puso muchos juveniles y él jugó. Nos ganaron 3-1... y encima cuando termina el partido el tipo me viene a saludar, y yo lo quería matar* (risas). (Pipa Higuaín)

—Ésa es una situación genial, tu propio hijo te gana un partido. (Perfumo)

—Seguro que cuando lo fue a saludar le dijo: perdón, papá. (Víctor Hugo)

—*Son situaciones contradictorias. Me puse contento cuando entró, después casi nos hace un gol y nos queríamos matar...* (Pipa Higuaín)

—*Yo quería hacer un gol, quería ganar. En definitiva ese concepto fue el que me inculcó él.* (Federico Higuaín)

CAPÍTULO 10

Anécdotas

El fútbol y sus anécdotas.
Quince momentos especiales

Odio extremo

«Yo jugaba en Belgrano de Córdoba y cuatro días antes de un clásico contra Talleres me tomé un taxi para volver a mi casa desde el entrenamiento. En un primer momento el taxista no me reconoció, pero cuando abrí la puerta, el tipo me miró, se bajó los lentes negros que tenía y me dijo: "¡No, querido, caballos no llevo!" Y me arrancó con la puerta abierta. Se ve que era hincha de Talleres.» *(risas)*

Luis Fabián Artime

Pegándole al técnico

«El primer entrenamiento que hice con el Real Madrid después de que el técnico Jorge Valdano me había dicho que yo era el quinto extranjero y tenía pocas chances de jugar, fue en una pretemporada en Suiza. En ese primer entrenamiento estábamos haciendo un partido de nueve contra nueve. Yo estaba corriendo como un salvaje, porque entrenaba siempre como un salvaje. Y Valdano entró a jugar con nosotros... y sin quererlo, porque la pelota le llegó y no me pude detener, lo trabé fuerte, lo levanté por el aire y cayó al suelo. Estando los dos en el piso, me dijo: "¿Siempre entrenas así o sólo cuando odiás a tu entrenador?"»

Iván Zamorano

La bolsa

«El Toto Lorenzo estaba dirigiendo a Unión de Santa Fe en 1975 y un día fuimos a jugar un amistoso con River. Él estaba recién armando ese equipo que después anduvo tan bien. Le digo: "¡Qué tal, maestro!, ¿cómo anda?" Me dice: "Y, por ahora meto la mano en la bolsa y todos los gatos son grises, no saco ninguno de Angora".»

ROBERTO PERFUMO

La exclusión

«Yo tendría 55 años y dirigía a Central. A mí me gustaba meterme en los picaditos y siempre me prendía con los jugadores. Y un día se ve que habían armado un partido donde había pica, porque cuando entré a jugar con ellos viene Alberto Fanesi y me dice: "Don Ángel, mire que estamos jugando en serio, eh". Salí y nunca más jugué.»

ÁNGEL TULIO ZOF

De algo voy a jugar

«Recuerdo que en la época en la que River me llevó de Atlanta, Néstor Rossi, el técnico, me dijo que me habían comprado los dirigentes, pero que él no me había pedido. Yo le dije: "Usted no se preocupe, que el que lo va a salvar voy a ser yo". Él había pedido a Marcelo Pagani, que vino de Rosario Central y fue a vivir a la pensión conmigo. Marcelo sufría como loco porque quería jugar. Y yo le decía: "Marcelo, agarrá de cualquier cosa, agarrá de wing derecho, de lo que sea, porque yo en este equipo voy a jugar de algo. No sé si saldrá Ramos Delgado, el polaco Cap, si saldrá el Negro Cubilla, no sé quién saldrá, pero yo de algo voy a jugar".»

LUIS ARTIME

Soltero

«El Pulpa Etchamendi era técnico de Nacional, y un periodista uruguayo lo cuestionó. En una nota le preguntó: "¿Pero por qué usted toma tantas precauciones? Mire a Pizzuti en Racing, con ese equipo de ritmo y ataque, mire lo que ha logrado". Y el Pulpa le respondió: "Pizzuti ataca así porque es soltero. Él, de alguna manera, llega a la casa y tiene preparada carne al horno con papas, la madre lo cuida... yo tengo que pagar la luz, el gas, el colegio de los pibes. Yo no puedo salir a atacar como un loco".»

ALEJANDRO APO

Extraño sentimiento

«Yo recién empezaba a dirigir a Gimnasia y en La Plata jugamos un partido con Mandiyú de Corrientes, que estaba peleando el descenso con Estudiantes. Hubo una jugada rara en el área nuestra y la gente de Gimnasia gritó ¡penal! Lo miré al masajista y le pregunté: "¿Gritaron penal?" "Sí —me dijo—, quieren que le cobre un penal para Mandiyú". El árbitro no lo cobró, pero Mandiyú ganó igual 1-0, y nuestra hinchada se fue feliz a pesar de la derrota. Para ser hincha no basta con amar a un club, sino también hay que odiar a otro.»

ROBERTO PERFUMO

Ocho caños

«Un día me lo encontré al Pepe Sasía, que había jugado en Rosario Central muchos años antes, y le pregunté si se acordaba de un partido amistoso que Central había jugado en Rosario con el Real Madrid en el medio del barro. Se me acercó y me dijo: "¿Si me acuerdo?... ocho caños le hice a Marquitos".
Ese día la rompió el Pepe.»

ROBERTO FONTANARROSA

Pierna fuerte

«En la primera práctica de fútbol que tuve en el Palmeiras (1994) había muchísima gente. Yo era un poco la atracción, porque era el nuevo. Y eso me había descontrolado un poco desde lo anímico, me iba a los costados, estaba jugando muy desprolijo porque quería demostrar todo junto.

En eso voy a presionar a uno de los suplentes, que se llamaba Paulo Isidoro, un negrito así chiquito que cuando corría no tocaba el piso. Voy a apretarlo y el tipo salió pisándola para atrás y me metió un caño espectacular. Y la gente de afuera empezó con el «olé». Entonces empecé a meter pierna fuerte y a ganar todas las pelotas divididas. Al rato, el entrenador Valdir Espinosa me llamó y me dijo: "¿Usted juega siempre así?" Sí —le dije. "Entonces, va a ser ídolo en este club en quince días". Y ahí jugaban Cafú, Roberto Carlos, Zinho...»

ALEJANDRO MANCUSO

La primera vez de Astrada

«La primera vez que me tocó concentrar compartí la habitación con Daniel Passarella.

Recuerdo que cuando terminé de cenar esperé a que se levantaran todos, me fui al cuarto, me tapé y enseguida me puse a dormir. Al rato escuché que Daniel entró. ¿Cómo reaccioné? Me di vuelta para el otro lado y no le dije ni una palabra.»

LEONARDO ASTRADA

O maior olé da historia

«Con la Selección Argentina jugamos en el estadio Maracaná en el '68 contra la Selección de Río de Janeiro. Cuatro a uno perdimos. En la jugada del cuarto gol, sacó el arquero con la mano hacia el lateral derecho y empezaron a tocar... y ¡olé, olé, olé! Yo desde atrás miraba y rogaba: "Ojalá no termine en gol". Y siguió el ¡olé, olé! La tocaron los once de ellos... ¡y terminó en gol! Al otro día los diarios titularon: "O maior olé da historia".»

Roberto Perfumo

En la nuca

«¿Por qué los arqueros no le dan la pelota a los defensores para salir jugando? Porque los defensores le dan la espalda y le hacen un gesto con la mano: "pateá, pateá". Entonces la gente está acostumbrada a que el pobre arquero patee. Hay que intentar salir jugando. A mí me decía Nery Pumpido en la Selección:

—Carlos, pero se dan vuelta los defensores cuando quiero salir jugando, me dan la espalda.

—Muy bien —le decía yo—, pegásela en la nuca.

—Pero nos van a hacer el gol.

—Que lo hagan, así aprenden.»

Carlos Bilardo

Los botines

«Yo tenía un contrato con una firma que me daba botines y entonces les regalaba algunos pares a los chicos de inferiores de San Lorenzo. Le había dado un par a Eduardo Tuzzio, que ya entrenaba con los profesionales. Cuando volvimos de las vacaciones después de salir campeones en el '95, me dijo: "Paulo, conseguime otros botines porque los que me habías dado, me los robaron". Bueno, le dije, no hay problema. A los pocos días estaba viendo el video de la vuelta olímpica que dimos en la cancha de Central y lo veo a Tuzzio trepado al alambrado sin camiseta y tirando los botines a la tribuna.

¿Así que te habían robado los botines?»

Paulo Silas

Consejo

«Hace varios años, cuando recién empezaba, Roberto Ayala me preguntó: "¿Qué buen consejo me podés dar?" Yo le dije: aprendé a rezar, para que cuando el delantero quede solo frente al arco la tire afuera.»

ROBERTO PERFUMO

Un año más de contrato

«A mí me hizo un gol Merlo. Le habían traído a Gallego para pelear el puesto en River, y jugábamos un partido en Mar del Plata por un torneo de verano. En el segundo tiempo entró Merlo por Gallego. Mostaza se estaba jugando el puesto. Faltando tres o cuatro minutos, un rechazo corto de la defensa nuestra y la agarró de sobrepique al borde del área y la puso en el ángulo. Lo gritó muchísimo. Cuando terminó el partido, nos saludamos y me dijo: "Gracias... ¡un año más de contrato!"»

CARLOS GOYÉN

Capítulo 11

El Superclásico

Allí pasa lo que no pasa casi nunca. Porque es fútbol, pero no sólo fútbol. Porque es pasión, pero no sólo pasión. Porque es el cruce de dos camisetas legendarias, pero no sólo el cruce de dos camisetas legendarias. Porque es la memoria enorme de goles y de figuras, pero no sólo es esa memoria. Puede repetirlo cualquiera que alguna vez estuvo ahí jugando, hablando, dirigiendo, curioseando, mirando, palpitando. Boca-River, River-Boca, el clásico de los clásicos, el bien llamado Superclásico es decididamente otra cosa: la sensación incomparable de que por un rato sólo existe ese partido y que el mundo, la vida y todo lo demás pueden esperar.

Los clásicos son partidos especiales. Se juegan más por la gloria de ese momento que por cualquier otra cosa.

CARLOS GARCÍA CAMBÓN

ESTILOS Y MATICES

*José María Aguilar, presidente de River,
y Mauricio Macri, presidente de Boca,
30 de mayo de 2003*

—La historia marca que hay una forma de jugar a lo Boca y otra de jugar a lo River. ¿Cómo es eso? (VÍCTOR HUGO)

—*Yo creo que hay estéticas diferentes y eso no está mal. Hay un gusto que distingue a unos y a otros, a través de los jugadores que pasaron por el club, los equipos que hicieron historia, los que quedaron en la memoria del hincha. En el tema de ganar, porque los dos quieren ganar, me parece que hay un condimento que tiene que ver con la estética del juego, porque no todas las miradas y los gustos son iguales. Esto está relacionado con la profundidad de la historia, con lo que te transmitieron tus mayores y con lo que te toca ver cada domingo cuando ves a tu equipo. Creo que hay distintas maneras de ganar y distintas maneras de perder. Son diferencias positivas que no destacan a ninguno sobre otro necesariamente, sino que tienen que ver con que hay una mirada sobre el juego. Como hay una mirada sobre la música, una mirada sobre el arte, sobre la pintura, creo que también hay una mirada sobre el fútbol, y el hincha de Boca y el hincha de River tienen miradas diferentes.* (AGUILAR)

—¿No será una consecuencia de algunas cosas puntuales? Por ejemplo, tengo presente que River genera a sus propios jugadores mucho más que Boca, por lo menos hasta este momento. (VÍCTOR HUGO)

—*Históricamente fue así.* (MACRI)

—Uno ve a la reserva de River y ve a jugadores que vienen desde la novena jugando juntos, en cambio Boca generalmente tiene aquello «de cada pueblo un vecino». (VÍCTOR HUGO)

—*Eso pasó hasta la década del noventa. Sucede que armar una escuela de fútbol lleva seis o siete años y es una tarea difícil que ya nos está dando sus frutos.* (MACRI)

—A mí me parece que hay como una selección natural, hasta en los potreros: éste es para Boca, éste es para River. (PERFUMO)

—Mauricio, ¿el jugador de Boca nunca se va a parecer al de River? (VÍCTOR HUGO)

—*El hincha de Boca tolera que su equipo juegue un fútbol menos vistoso siempre que obtenga un buen resultado. Por supuesto, también disfrutó a Ángel Clemente Rojas, a Potente, a aquel equipo de Rogelio Domínguez (1973-1975) que fue uno de los que mejor jugó.* (MACRI)

—Y Maradona jugaba bastante bien, ¿no? (VÍCTOR HUGO)

—*Sí, bastante bien. Pero es como que los Krasouski o los Ribolzi juegan más fácil en Boca que en River.* (MACRI)

—Pero en River también jugaba Merlo. (VÍCTOR HUGO)

—*Por eso yo decía que vamos a encontrar jugadores con similares características de un lado y del otro. Hay tradiciones diferentes y hay modos diferentes. Y esto me parece que es bueno, que condimenta aún más el contraste.* (AGUILAR)

—Lo que a mí me parece es que lo de Merlo en River era una excepción, como Riquelme es una excepción en Boca. Esto no lo digo yo, lo dice la historia. (PERFUMO)

—Pero la historia también dice que en Boca fueron ídolos Menéndez, Grillo, Rojitas, Riquelme... (VÍCTOR HUGO) .

El clásico desde el césped

Juan José López, Jorge Higuaín
y Carlos García Cambón, 3 de noviembre de 2003

—Ustedes, que jugaron en los dos equipos, que vivieron el clásico desde adentro..., ¿notan diferencias? A mí, en River no me pedían que tirara caños, me pedían que sacara la pelota. Y los hinchas de Boca le debían pedir a Riquelme que juegue bien. (Perfumo)

—*Es mentira que a los hinchas de Boca no les gustan los jugadores que juegan bien, por ahí reconocen un poco más al que se entrega dentro de la cancha.* (Higuaín)

—*El hincha de Boca es más apasionado y destaca el esfuerzo, que corras a un rival diez metros y te tires al piso para sacarle la pelota. El hincha de Boca te aplaude y el de River dice: "¿Para qué se tiró?"* (J. J. López)

—¿A vos te pedían que te tiraras al piso cuando fuiste a Boca? (Perfumo)

—*No. Además yo fui de grande a Boca. Si yo daba un pase de treinta metros bajaba el murmullo aprobatorio, igual que en River.* (J. J. López)

—Hay un mensaje que el jugador le manda al hincha, un mensaje de entrega, de compromiso, de que pone la cara para salvar un gol aunque le saquen un ojo, eso vale para River y para Boca. (Perfumo)

—*Sí, eso vale para todos.* (J. J. López)

—Tampoco neguemos que hay una distinción, ¿no? (Perfumo)

—*Sí, hay una distinción histórica, donde en River pueden premiar al que realiza un esfuerzo, pero la historia del club refleja que siempre privilegian al que juega bien.* (Higuaín)

—*En River se prioriza al jugador de riqueza técnica. Fijate que siempre se caracterizó por sacar números diez, y los defensores generalmente han venido de afuera.* (J. J. López)

—Es así, y ahí puede encontrarse la diferencia. (Víctor Hugo)

—Carlitos, vos debutaste en Boca haciéndole cuatro goles a River. (PERFUMO)

—*Sí, jugué varios clásicos. En otro, ganamos uno a cero con gol mío, pero de ése no se acuerda nadie.* (GARCÍA CAMBÓN)

—Yo hice un gol de tiro libre jugando el clásico, y deseaba fervientemente que nadie hiciera ningún gol más. Sobre la hora se escapó solo Pedro González y yo rezaba para que no lo hiciera, así la historia iba a decir que habíamos ganado un clásico con un gol mío. Un deseo muy loco, irracional y vanidoso, pero futbolero. (PERFUMO)

—*Los clásicos son partidos especiales, no importa la posición en la tabla, no importa nada. Es un partido aparte en el que la repercusión más grande la da la gente, no los jugadores. Pero aunque el jugador no quiera, forma parte de ese entorno. Te lo hacen notar el diariero, el mozo del restaurante, el hincha. Yo no lo vivía igual que los demás partidos. Se juega más por la gloria de ese momento que por cualquier otra cosa.* (GARCÍA CAMBÓN)

—Nadie que haya estado dentro de la cancha jugando un Boca-River lo ha sentido igual que otro partido. Salvo raras excepciones. Porque es único. (PERFUMO)

—*Por eso es el superclásico.* (GARCÍA CAMBÓN)

Momentos

Mundial '66

—La generación nuestra, la de las décadas del sesenta y del setenta, fue una generación frustrada en la Selección. Y eso que jugaban fenómenos como Marzolini, Ermindo Onega, Luis Artime... (PERFUMO)

—*Sí, yo estuve con ustedes en el Mundial de Inglaterra.* (ENRIQUE MACAYA MÁRQUEZ)

—No ganábamos nada. (PERFUMO)

—*Nosotros particularmente discutíamos este tema. Yo les dije a vos y a Gonzalito: «Ustedes no van a cambiar, porque juegan todos atrás, al contraataque y no van a cambiar». Y llegó el partido con Inglaterra, y no cambiaron. Los salvó la expulsión de Rattín, que llevó la discusión a otro lado.* (ENRIQUE MACAYA MÁRQUEZ)

—Es verdad, no podíamos ganar nunca ese partido. (PERFUMO)

Pelé y las paredes

—¿Cómo era eso de que Pelé tiraba paredes con la pierna del rival? (VÍCTOR HUGO)

—Él tiraba la pared haciendo rebotar la pelota en la pierna en la que el rival estaba apoyado, y era imposible de evitar esa jugada, porque esa pierna siempre está inmóvil. (PERFUMO)

—*Y usaba el rebote para seguir la jugada.* (JUAN JOSÉ LÓPEZ)

—Digamos que en vez de cordón de la vereda, usaba la pierna del rival. (VÍCTOR HUGO)

—Tal cual, por eso a la pared se la llama pared. Es el wing que más la pasa. En Brasil se llama *tavela*, que quiere decir tabla. (PERFUMO)

Capítulo 12

La mente y el cuerpo

Hubo un tiempo en el que para jugar al fútbol alcanzó con tener una sonrisa, una voluntad y un cuerpo en acción. Fue otro tiempo. Luego, el fútbol se fue volviendo una actividad dentro de la que caben muchas actividades, una especie de casa con muchas casas adentro. Sigue siendo necesario que el cuerpo esté en acción, pero a esa acción se la construye con la tarea de profesionales especializados en que el cuerpo se desarrolle, o resista, o vuelva del tropiezo de una lesión. Sigue siendo necesaria la voluntad, pero esa voluntad es fortalecida y modelada por la labor de otros profesionales, también especializados.
Y, claro, sigue siendo necesaria la sonrisa porque sin la sonrisa el fútbol deja de ser fútbol.

*Luiz Felipe Scolari, técnico de la Selección de Brasil
que ganó el Mundial 2002, declara que él no va
a ningún lado sin el profesional de la salud mental,
elegido por él mismo. Y, además, los informes del psicólogo
van únicamente a sus manos, nunca llegan a las
de los dirigentes o a la prensa. Para eso, él se hace cargo de los
honorarios del profesional.*

ROBERTO PERFUMO

LA PSICOLOGÍA

Dos de los puntos de apoyo sobre los que un futbolista se estabiliza para afrontar los rigores del profesionalismo son su mente y su cuerpo.

Por eso, en «Hablemos de fútbol» hemos recibido a profesionales idóneos que han desandado los caminos de las ciencias aplicadas al jugador y al hombre.

*Diego Halfon-Laksman y Oscar Álvarez,
psicoanalistas, mayo de 2003*

—¿Se acepta el trabajo de los psicólogos en el fútbol? (VÍCTOR HUGO)

—*Hay mucha resistencia, en el sentido no psicoanalítico del término, por parte de los dirigentes, de los técnicos y de los jugadores, en cada grupo por motivos diferentes.* (HALFON-LAKSMAN)

—¿Todavía hay resistencia? (VÍCTOR HUGO)

—*Sí, esto parte del desconocimiento de lo que puede hacer un psicoanalista en un plantel de fútbol o de cualquier deporte.* (ÁLVAREZ)

—Lo que pasa es que el del fútbol es, primero, un ambiente

bien machista, acepta muy pocos cambios. Y en segundo lugar, esta situación es jugar con fuego, porque siempre está latente el miedo a que puedan aparecer cosas que nadie quiere que se sepan. (PERFUMO)

—*El jugador no quiere pasar por ser «el que tiene problemas psicológicos», el técnico teme perder poder y no tarda en abonar el fantasma de una complicidad que lo excluye.* (HALFON-LAKSMAN)

—Esto parte de una sociedad en la que hace veinte años si alguien iba al psicólogo, no iba a faltar algún amigo que lo mirara y le dijera: «¿qué te pasa, estás enfermo?». Hace un tiempo, ustedes reflexionaban sobre unos dichos de Américo Gallego, y lo que había detrás de esos dichos. (VÍCTOR HUGO)

—*En la primera etapa de Gallego en Independiente (año 2002), tan desgraciada en cuanto a los resultados, declaró: «Vamos a salir de esto porque mis jugadores son hombres». Trascartón perdió dos partidos más y nosotros nos preguntábamos: ¿y ahora qué son? Luego, cuando Independiente logró un empate, Gallego insistió y dijo: «Lograron este resultado porque me demostraron que son hombres». Hay una idea de que la virilidad tiene que ver con el rendimiento deportivo.* (ÁLVAREZ)

—Bueno, esto en el fútbol es tan viejo como la primera vez que se echó a rodar una pelota. (VÍCTOR HUGO)

—*Que para jugar al fútbol hay que poner huevos, eso se sabe, pero que con eso sólo no alcanza, también. Por otra parte, sobre lo que es el imaginario cristalizado y compartido respecto de qué se entiende por virilidad en el ambiente del fútbol, podríamos hablar un rato largo.* (HALFON-LAKSMAN)

—¿Y ustedes qué hacen para revertir esta forma de pensar? (PERFUMO)

—*Hay que tener el oído adiestrado para cierta escucha. Sigmund Freud escribió un solo texto sobre psicopatología, que llamó «Psicopatología de la vida cotidiana», en el que habla del chiste, del lapsus y del acto fallido, mostrando cómo estas formaciones del inconsciente permiten escuchar algo de la verdad por la que el sujeto está concernido. Es posible escuchar algo de esto e intervenir en consecuencia. Es parte de nuestra tarea.* (HALFON-LAKSMAN)

—Si vos hacés ese discurso en el vestuario no te entiende nadie. (PERFUMO)

—*Jamás se me ocurriría hablar así en un vestuario.* (HALFON-LAKSMAN)

—Quiero decir que si se le habla en difícil al jugador, la situación termina mal. Yo me acuerdo que en la Selección que jugó el Mundial 66, hace casi 40 años, se intentó esto y todos terminábamos hablando de sexo, bromeando con el tema, para reírnos del psicólogo que al final tomó una decisión: se fue y no volvió más. (PERFUMO)

—A partir de algunos hechos donde parece que un psicólogo de un club grande argentino contó demasiadas cosas de la intimidad de los jugadores, se produjo un portazo a la psicología en el fútbol, un gran temor de los jugadores, del técnico, a que se ventilaran intimidades individuales o grupales. Esto restó muchísimo. (VÍCTOR HUGO)

—*Yo creo que un analista con un cierto recorrido, además futbolero, debería poder manejarse sin problemas en un vestuario. Respecto al penoso antecedente al que refiere Víctor Hugo, sería ocioso extenderse sobre la gravedad de la infidencia, en este como en cualquier caso.* (HALFON-LAKSMAN)

El poder

—Supongamos que Roberto (Perfumo) y yo somos dos técnicos que decimos: «¿Para qué quiero un psicólogo?, acá el psicólogo soy yo, el que conoce a mis jugadores en el vestuario soy yo». (VÍCTOR HUGO)

—*Y es posible que tenga razón. En un nivel intuitivo y psicológico esto es cierto. Además, la mirada del jugador siempre está dirigida a la del técnico. La capacidad de contener al jugador, de captar cuándo está bien y cuándo está mal, cuándo hay que exi-*

girlo y cuándo aflojar, eso sólo lo puede hacer el técnico. (HALFON-LAKSMAN)

—Pero también está lo que dice el jugador: «Yo no necesito un psicólogo». ¿No es una intromisión? (VÍCTOR HUGO)

—El deporte se apoya en tres variables fundamentales: una es la parte física, otra es la parte técnica y otra es la que algunos llaman fortaleza mental. (ÁLVAREZ)

—Esto último es lo que en la jerga llamamos ser fuerte de la cabeza. (PERFUMO)

—El jugador al técnico no le puede decir: «A mí no me enseñe táctica porque yo ya sé cómo tengo que jugar». Al preparador físico no le puede decir: «No, mire, yo estoy bien, no se ocupe de mí». ¿Por qué le debería decir a un psicólogo: «Yo estoy bien, no necesito nada»? (ÁLVAREZ)

—Y ahí le responde el técnico: «Mire, lo que yo necesito es ganar un partido. Yo gano un partido y se soluciona todo». Y de hecho, ha sucedido. (VÍCTOR HUGO)

—Ahí empieza el pensamiento mágico, pensar que un triunfo necesariamente va a traer otro. Puede ser que sí, o puede ser que no, y entonces aparece la cábala, o un brujo... Después de tres derrotas surge la frase: «Encerrarse a charlar para arreglar las cosas». Fíjese cómo uno podría analizar ese discurso. «Encerrarse a hablar» quiere decir que ahí ya hay una cosa para adentro y no una apertura para ver cómo salimos de esto. ¿Qué pueden decirse lo que están comprometidos absolutamente en el problema? (ÁLVAREZ)

—Los grupos, precisamente, se cierran para abrirse. El tema del encierro viene por lo del secreto grupal, que cuando no se respeta hace atomizar a todo el grupo. El famoso cabaret del que tanto se ha hablado, donde todo es chisme y todo se sabe. (PERFUMO)

—¿Y un psicólogo qué podría decirle a ese grupo que está afligido, que no encuentra respuestas, que se entrena y se mata, pero que no gana? (VÍCTOR HUGO)

—Esto es caso por caso, no se debe generalizar, igual que con ca-

da paciente. Hay que poder leer adecuadamente la situación puntual e intervenir en consecuencia. (HALFON-LAKSMAN)

—¿Y si lo que pasa es que están pataduras, que vendieron al «diez» que les resolvía todo? (VÍCTOR HUGO)

—*¿Pero seguiríamos necesitando al técnico, al preparador físico y al médico? Porque si tenemos pataduras, tenemos pataduras, eso no lo resuelve nadie.* (HALFON-LAKSMAN)

—Es decir, la psicología sería un elemento para mejorar del mismo modo que se mejora la condición física o técnica, un elemento más. (VÍCTOR HUGO)

—*Una logística para utilizar lo que ese equipo puede dar. Si ese equipo puede dar siete, se puede optimizar a siete, nunca a diez.* (ÁLVAREZ)

La motivación

—¿La motivación a quién le corresponde? (PERFUMO)

—*La motivación es contingente, puede venir de cualquier lado, pero el papel del técnico es en esto decisiva.* (HALFON-LAKSMAN)

—¿Ustedes no aportan en ese sentido? (VÍCTOR HUGO)

—*Sólo eventualmente. La motivación tiene que ver con lo consciente.* (HALFON-LAKSMAN)

—*El que debe estimular a un equipo es el referente, y el referente es siempre el técnico. El técnico es el que hace existir a un jugador, «te pongo o no te pongo», es el que le da la vida en función al deporte. Entonces sólo él lo puede motivar. La motivación, que es algo consciente, que es un estímulo, queda siempre del lado del técnico. Lo que el psicoanalista puede aportar a un grupo es descubrir lo que en general no se sabe, lo que es inconsciente, lo que el técnico no puede percibir, pero que le está pasando a sus jugadores y a él mismo en relación a sus jugadores. Es ahí donde interviene el psicoanalista.* (ÁLVAREZ)

La lesión psíquica

—*Si un jugador se lesiona físicamente, en cuanto sale de la cancha está el médico, lo llevan a la clínica, le sacan radiografías, piensan cuál es el motivo de la lesión, cuánto va a tardar. Y las lesiones psíquicas, ¿quién las cura? Nadie.* (ÁLVAREZ)

—Es un buen concepto la lesión psíquica. En estos últimos años hubo dos chicos que se suicidaron (Mirko Saric, de San Lorenzo, y Sergio Schulmeister, de Huracán). (PERFUMO)

—¿Y qué técnico se anima a decir en esos casos «el mejor psicólogo soy yo»? ¿Cuánto pudo haberle aportado alguien que entendiera a esos muchachos que no tenían, tal vez, ni protección ni contención? (VÍCTOR HUGO)

Los mitos del machismo

—Yo procedo de un país, Uruguay, donde una gran victoria lograda por valores futbolísticos fue vista como el elogio máximo a la virilidad. Desde entonces perder es no ser tan hombre. Le hemos puesto a los jugadores para siempre el sayo de que si no son capaces de ser campeones del mundo no son tan hombres como aquellos de 1950, que a la vez se han quedado sin el reconocimiento de lo que valían como jugadores; porque en ese equipo estaban Schiaffino, Míguez..., yo he revisado la maravilla de lo que jugaban. ¿En qué se apoya esto? ¿Qué daños provoca? ¿Qué se hace desde la psicología? (VÍCTOR HUGO)

— *La cuestión de la virilidad es una dimensión siempre presente en toda competición deportiva, incluso entre mujeres.* (HALFON-LAKSMAN)

—¿Por qué la virilidad en el juego? ¿Qué es la virilidad en el juego? (VÍCTOR HUGO)

—*Es un concepto complejo...* (HALFON-LAKSMAN)

—Es un concepto guerrero. De gladiador. (PERFUMO)

—*Sí, claro. De alguna manera todas las formas del deporte son un modo sublimado y socialmente aceptable de la guerra.* (Halfon-Laksman)

—¿No le llamaremos virilidad simplemente a la gran capacidad para superarnos en el esfuerzo, para dar el salto que ya físicamente no podemos dar? (Víctor Hugo)

—*Ésa es una dimensión particular de lo viril, casi por extensión.* (Halfon-Laksman)

—A eso se le llama coraje. Y también es necesario para jugar bien al fútbol, y para seguir corriendo aun estando muerto por el cansancio. (Perfumo)

Una clase práctica

Jorge Rocco (médico psiquiatra), mayo de 2003

—Uno de los motivos del fracaso del ingreso en el fútbol de los psicólogos es por la manera en que se insertan. (Perfumo)

—*Sí, porque, ¿cómo vas a tratar a alguien que no te llamó? En San Lorenzo entré porque me llamó el presidente, en Talleres y en Chicago me llamaron los técnicos, pero el jugador nunca te va a llamar...*

¿Te animás a hacer una experiencia práctica? (dirigiéndose a Roberto Perfumo) (Rocco)

—Ehh, sí. *(dudando)* (Perfumo)

—*No te hagas problema que es sin sacarse la ropa* (risas). *Tomá estas dos copas con agua y mantenelas con los brazos extendidos. Bueno, entonces... acá tenemos un conductor equilibrado, coherente, que se acaba de enterar que éste es su último programa porque lo va a reemplazar el señor Luis Garisto... y se acaba de enterar de que su mujer se va con su mejor amigo. Muy bien, ahora tenés que seguir conduciendo el programa con nosotros. Vos entraste al programa con estos dramas, y ahora tenés que seguir hablando con nosotros... ¿podés?... ¿estás cansado?... ¿estás bien?* (Rocco)

—¡Se me están por caer los brazos! (Perfumo)

—*No, pero tenés que seguir porque ésos son tus problemas.* (Rocco)

—Estoy muerto anímicamente y me pesan las malas noticias que me dieron antes de empezar. (Perfumo)

—*¿Querés que te ayude? Ahora te saco una copa, ¿te sentís más aliviado?* (Rocco)

—Ahora sí, pero no del todo. (Perfumo)

—*Ahora te saco la otra copa. ¿Te sentís mejor?* (Rocco)

—Mejor. (Perfumo)

—*¿Estás más cómodo ahora?* (Rocco)

—Sí, por supuesto. (Perfumo)

—*Bueno, listo. Ahora andá a jugar al fútbol. Ahora es problema del técnico. Este ejercicio lo realizo distinto con el jugador. Agarro varias pelotas de fútbol y les voy dando de a una. Esta pelota es el cheque del club que no te paga, ésta es tu mujer que te dijo tal cosa, ésta es tu hijo que está enfermo, ésta es tu suegra que..., ésta es tu compañero que no te da un pase, ésta es el técnico que te dijo que no jugás. Llega un momento que el tipo tiene tantos balones encima que no puede moverse. Le pregunto: ¿cómo lo resolvés? Entonces se saca de encima todas las pelotas. No —le digo—, esto lo hacés con mi ayuda profesional, solo es difícil. ¡Pero cuidado!, porque hay algunos que sí pueden hacerlo solos, esto es interesante destacarlo porque si no caeríamos en la idea de que todo el mundo se tiene que tratar. Y no es así.* (Rocco)

El vestuario

—¿Cuál es tu definición de ese ámbito sagrado que es el vestuario? (Perfumo)

—*Pasan tantas emociones ahí adentro, es como una cacerola donde se cocina la salsa: el silencio, la emoción, la violencia, la depresión, la solidaridad, la diversión, la música, los juegos, todo...*
Lo que se construye en el vestuario son momentos que siem-

pre le quedan grabados al jugador de fútbol. «¿Te acordás cuando estábamos en el vestuario antes del partido de...?» Y es muy interesante todo lo que se expresa en el vestuario para mi trabajo. (ROCCO)

LA MEDICINA DEPORTIVA

En julio de 2003 nos visitaron para hablar de la medicina en el fútbol los médicos Roberto Avanzi (ex futbolista y médico deportólogo), Arnoldo Albero (presidente de la Asociación de Traumatología del Deporte de la República Argentina) y Rafael Giulietti (secretario de la misma entidad).

La nueva medicina

—¿Cuándo se inicia la nueva medicina deportiva en el país? (PERFUMO)

—*Recién en 1975, con el doctor Losada, se hizo el primer curso de medicina en el deporte en la Argentina, del cual tuve la suerte de ser uno de los precursores. Y a partir de allí empezó la nueva era.* (AVANZI)

—¿Cuáles fueron las innovaciones, qué fue lo que apareció? (VÍCTOR HUGO)

—*La innovación más importante fue la aparición de la resonancia nuclear magnética, porque en esa época el único recurso que teníamos para diagnosticar lesiones era la radiografía. A partir de 1980 empezamos a usar la nueva tecnología en la Argentina.* (AVANZI)

—Y hoy, ¿cuál es la lesión más común en el futbolista? (VÍCTOR HUGO)

—*En este momento el esguince del ligamento lateral interno, que es la parte interna de la rodilla. Es característica de este deporte de contacto; el jugador protege la pelota con la pierna, y cuando lo golpean, le abren la rodilla del lado interno y se produce la lesión.* (AVANZI)

—¿Qué otras lesiones son comunes? (VÍCTOR HUGO)

—*Las lesiones musculares, porque los futbolistas juegan en su límite máximo fisiológico y es comprensible que tengan lesiones o rupturas musculares.* (AVANZI)

—¿Qué otros elementos ayudaron al crecimiento de la medicina deportiva? (VÍCTOR HUGO)

—*Yo creo que lo más importante fue el desarrollo semiológico, lo que aprendimos con nuestras manos, con la interrogación, con una semiología mucho más fina, más delicada. Aprendimos a evaluar rodillas que antes no sabíamos evaluar.* (AVANZI)

—En mi época, los jugadores abandonaban el fútbol si se rompían un menisco. (PERFUMO)

—*Nunca el menisco era el que invalidaba al jugador, el problema era que no se diagnosticaban las otras lesiones que tenía la rodilla y que eran los que le daban la invalidez. Y le echábamos la culpa al menisco, que era lo único que conocíamos.* (AVANZI)

—Era el chivo expiatorio... (VÍCTOR HUGO)

—*Así es. Y el menisco es importante, porque es un amortiguador que tenemos en la rodilla entre el fémur y la tibia.* (AVANZI)

—Antes, cuando se rompía, la única solución era la extracción. (PERFUMO)

—*Claro, porque al no tener el amortiguador se produce el choque de hueso contra hueso y un desgaste que con el tiempo genera la artrosis, que es muy dolorosa y limita mucho al jugador.* (AVANZI)

—Ahora hay otras posibilidades, ¿no es cierto? (PERFUMO)

—*Ahora se sutura el menisco. Pero el problema que existe es que al deportista que se lo sutura no puede jugar antes de los tres meses, por eso eligen la resección, la extirpación total o parcial. Y esto tiene una recuperación de 25 días. Y eso es bueno en el corto plazo, pero malo en el largo plazo por la artrosis que aparecerá seguramente con el tiempo.* (AVANZI)

—A mí me asombran los cambios que se han producido, por ejemplo, con la artroscopia. (VÍCTOR HUGO)

—*La artroscopia es una maravilla, vos pensá que a nosotros nos ponían 30 días de yeso y nos hacían un tajo enorme para sacar un menisco. Ahora se opera por un orificio de 7 milímetros y con el artroscopio se tiene una visión mucho más amplia porque mira a cero grado, a treinta grados y a noventa grados. Es mucho más que el ojo humano.* (AVANZI)

—Pasamos de treinta días de yeso a irse caminando en el día a su casa. (PERFUMO)

—*Sí, es que cambió todo. Es extraordinario el avance.* (AVANZI)

—¿Y las infiltraciones? (VÍCTOR HUGO)

—*La gente no entiende que los corticoides que se utilizan en las infiltraciones son anabólicos. ¿Por qué creés que se tiene que denunciar cuando uno se hace una infiltración?, porque si no lo denunciás, te da doping positivo. Eso es lo que la gente no sabe, y a veces los jugadores tampoco.* (AVANZI)

—¿Cuáles son las consecuencias en el tiempo? (VÍCTOR HUGO)

—*En mi caso, las consecuencias están muy claras: yo tengo necrosis de cabeza de fémur y una prótesis de cadera. Y tengo 52 años.* (AVANZI)

—¿Y quién tiene la responsabilidad ética? (VÍCTOR HUGO)

—*El médico, únicamente el médico. La gente tiene el concepto de que la infiltración es mala, y la infiltración no es mala. Es mala cuando se la hacés a un jugador poniéndole un corticoide y un anestésico para que no le duela antes del partido. Eso sí que es malo. Pero si vos te infiltrás para estar mejor en siete o quince días, eso ya es lógico y criterioso.* (AVANZI)

—¿Por qué no sirve el vendaje que se hacen los jugadores en los tobillos? (PERFUMO)

—*Está demostrado que después de tres minutos la venda se moja y se afloja, no sirve más para nada. Es parte de los usos y costumbres. Es más psicológico que práctico.* (AVANZI)

De prevenciones y mitos

—¿Cómo prevenimos las lesiones musculares? (PERFUMO)

—*Primero con descanso, entrenamiento, una buena elongación y no exigir el músculo más allá de lo que debe.* (ALBERO)

—¿Y el masaje ayuda? (VÍCTOR HUGO)

—*No, ése es otro mito. Yo prefiero una buena entrada en calor, una buena elongación y no un masaje. Un masaje no te va a curar ni te va a prevenir, al contrario, te va a sacar la sangre que necesita el músculo y te podés llegar a lesionar más rápido.* (ALBERO)

—Entonces el masaje es un mimo, nada más. (VÍCTOR HUGO)

—*Así es. Es un mimo que hubo que desterrar del fútbol, porque había jugadores que no querían entrar en calor sin masajearse antes.* (ALBERO)

—Yo era uno de ésos. Para mí, el masaje antes de la entrada en calor era sagrado. Es curioso, ahora me vengo a enterar que no servía. (PERFUMO)

—De todas maneras, como ya has contado en el programa, vos te masajeabas más la garganta que las piernas. *(risas)* (VÍCTOR HUGO)

—*Hay entrenadores que no quieren masajistas en sus planteles, porque tienen este concepto muy claro. Lo más importante es la entrada en calor y el entrenamiento previo a la competencia.* (GIULIETTI)

—¿Y después del partido qué hay que hacer? (PERFUMO)

—*El jugador tiene que hacer un buen entrenamiento regenerativo después del partido para lavar el ácido láctico de los músculos, que es la toxina, la resaca que endurece los músculos después del esfuerzo. Si un jugador no vuelve al entrenamiento dentro de las siguientes 72 horas, se considera que pierde cerca de un veinte por ciento de su entrenamiento adquirido.* (ALBERO)

—¿No estaremos entrenando mucho? (PERFUMO)

—*O entrenamos mucho o descansamos poco, porque el descanso es parte del entrenamiento, es el entrenamiento invisible. Y el descanso en los jugadores es obligatorio.* (ALBERO)

—¿La rotura del tendón de Aquiles era irreversible? (Víctor Hugo)

—*Era, pero hoy en día es recuperable; en tres meses el futbolista puede volver a jugar.* (Albero)

—Éste es otro de los cambios fascinantes, ¿no? (Víctor Hugo)

—*Creo que los cambios más fascinantes surgen de la genética. En Europa se está trabajando con factores de crecimiento, donde de la sangre te sacan un factor de crecimiento tuyo y te lo injertan dentro de la lesión. Eso hace que la lesión se cure muchísimo antes.* (Albero)

—¿Qué son los factores de crecimiento? (Víctor Hugo)

—*Son enzimas que están en la sangre y que aceleran el proceso de cicatrización.* (Giulietti)

—Eso es extraordinario, porque una lesión de largo proceso de cura genera mentalmente en el jugador sensaciones horribles. (Perfumo)

Momentos

La gran ventaja

—¿Cómo es lo de la dupla técnica? ¿Es mejor dirigir de a dos? (PERFUMO) *(A Juan Amador Sánchez y Enrique Hrabina)*

—Sí, a la hinchada se le complica cuando te tiene que insultar, porque los cantitos de desaprobación no riman. *(risas)* (ENRIQUE HRABINA)

Vietnam

—En el partido ante Boca, Fabricio Fuentes fue la figura y no cometió ni un solo foul. (VÍCTOR HUGO)

—*Sí, es verdad.* (FABRICIO FUENTES)

—Te pido por favor que vayas aprendiendo a hacer algún foul, así el delantero la noche previa al partido piensa en vos. (PERFUMO)

—Es como lo que cuenta el Bambino Veira, que jugó un partido en España contra Aguirre Suárez y Montero Castillo. Antes del partido se saludan y Aguirre Suárez le dice al Bambino: «Mirá, andá por cualquier lado de la cancha, pero por el medio no vengas… porque esto es Vietnam». *(risas)* (VÍCTOR HUGO)

Capítulo 13

Divisiones Menores

En muchas partes del mundo, un chico es alguien que tiene una pelota en el pie. O alguien que se sueña con una pelota en el pie para siempre. Sin embargo, desde hace rato, ese sueño no es un sueño suelto, sino que funciona dentro de instituciones, demanda atenciones muy específicas y es parte de la larga cadena de producción de un sistema llamado fútbol. El cuidado de ese sueño no es menor ni es para cualquiera. Ocurre que la humanidad se mueve y se transforma. Pero de todos los sueños posibles, ése, ser futbolista, continúa siendo nada menos que el sueño del pibe.

Cuando empezamos a enseñar, empezamos a aprender.

Jorge Bernardo Griffa

Enseñar y aprender. Menudas tareas. Para el docente y el futbolista.

En esas dos palabras se define un mundo complejo, el mundo de los chicos en el fútbol

La intuición del maestro

El 29 de julio de 2004 contamos con la presencia de Jorge Bernardo Griffa, director general de fútbol amateur, y de Ramón Maddoni, director general de fútbol infantil y preinfantil de Boca Juniors.

—Del Club Parque[1] han surgido grandes figuras de los últimos años del fútbol argentino. ¿Cómo se trabaja allí? (Víctor Hugo)

—*Los chicos empiezan a los cinco años y trabajamos muchísimo con los fundamentos técnicos individuales. Hay que tener el ojo para descubrir al jugador y después trabajar sobre él para pulirlo.* (Maddoni)

—¿Por qué la atracción de los chicos por ir a Parque? ¿Por la conexión directa con Boca? (Perfumo)

---

[1] Club Parque: institución de la que han surgido grandes valores del fútbol nacional. Primero ligado a Argentinos Juniors y luego a Boca, a partir de la gestión de Mauricio Macri. Club especializado en la formación de futbolistas infantiles. Está en Villa del Parque, Buenos Aires.

—Puede ser. Y aparte por todos los jugadores que salieron del club. (MADDONI)

—¿Cuál de las grandes figuras que salieron de Parque usted conoció de más chiquito? (VÍCTOR HUGO)

—*Juampi Sorín a los siete años ya estaba en el club.* (MADDONI)

—Y los Cambiasso son vecinos. (PERFUMO)

—*Sí, Cuchu no quería jugar al fútbol, quería jugar al basquet. Tenía seis años y una pinta de jugador tremenda, pero corría, no quería jugar. Y yo decía: «éste no se me va a piantar».* (MADDONI)

—¿Qué es la pinta de jugador? (PERFUMO)

—*La estampa.* (MADDONI)

—*Al jugador lo conocés por la pinta, como al naipe cuando lo orejeás.* (GRIFFA)

—Le voy a hacer una pregunta que le hice una vez a mi maestro Ernesto Duchini. ¿Qué es lo primero que le mira a un chico? (PERFUMO)

—*Que sepa jugar, la técnica.* (MADDONI)

—Duchini me decía: «No me preguntes, porque no sé. Es totalmente intuitivo». (PERFUMO)

Las distintas etapas

—*Hay distintas formas de evaluar a los chicos. Los clubes tienen tres áreas: fútbol infantil, juvenil y profesional. En el fútbol infantil el chico juega realmente. Se tutea con los fundamentos del fútbol, que son pase, recepción, conducción, cabeceo y tiros al arco. Ése es el principio, jugar. En el área profesional son todos hombres y siguen, naturalmente, con una continuidad de evolución. Pero el fútbol juvenil es un abanico de edades muy complejas. Empiezan niños y terminan hombres. Empiezan con 14 años y terminan con 20 y no es lo mismo dirigir a un chico de 19 o 20 años que a uno de 14.* (GRIFFA)

—¿Sobre qué trabajan ustedes? (PERFUMO)

—*En la evolución que va teniendo el pibe nos va mostrando cuál es su arista saliente y cuál su defecto marcado. Trabajamos sobre eso, apuntando al techo que ese chico puede tener en lo técnico, en lo físico y en lo psíquico. Y también trabajamos sobre los defectos y virtudes. Es más profundo de lo que la gente cree.* (Griffa)

—¿Se puede adivinar que un futbolista va a explotar a determinada edad? (Perfumo)

—*Cuando un chico a los 14 o 15 años empieza a marcar una diferencia con los demás, normalmente la sigue manteniendo hasta el campo profesional. A un buen jugador hay que ponerle otro buen jugador al lado, no sólo para que juegue con él, sino para que compita con él. Porque la competencia de ninguna manera es mala, si se la maneja bien. Para eso están las palabras que le debemos decir al joven. Si yo lo lleno de presión, él toma esa presión y la desarrolla como autopresión y eso lo limita. Pero si yo le doy estímulo, lo transforma en un autoestímulo y se eleva.* (Griffa)

Las nuevas exigencias

—Y ahora hay que preparar a los pibes para que luego jueguen en un fútbol que hace de la velocidad un culto. (Perfumo)

—*En otros tiempos la velocidad tenía una importancia relativa en el fútbol, se imponía la técnica con una diferencia tremenda. El fútbol evolucionó y lo hizo por determinadas causas. Una de ellas fue el mejoramiento de los campos de juego. Al mejorar los campos de juego aparece la velocidad como un arma importante, pero pegado a eso aparece la fricción, el roce y el choque, porque no es lo mismo llevar un coche a diez kilómetros por hora que a cien, donde hay más posibilidades de chocar.* (Griffa)

—Renato Cesarini decía que si uno va en un coche a cincuenta kilómetros por hora, ve todo, las vacas, las flores…, pero si va a ciento cuarenta no ve nada, sólo la ruta. (Perfumo)

—*Así es. De todas formas, creo que la técnica sigue siendo la primera opción del fútbol, pero el roce, la velocidad y el choque es-*

tán a la orden del día. Y tenemos que preparar al joven para todas esas condiciones. (Griffa)

—El trabajo de ustedes es muy importante, porque de los miles de muchachitos que se van a probar llegan pocos al profesionalismo. (Víctor Hugo)

—*De los treinta pibes de la novena división necesito tener diez de un nivel superior. De esos diez, cinco van a llegar a las puertas del profesionalismo y de ésos, el técnico de primera va a elegir uno, dos, los cinco o ninguno, de acuerdo a las necesidades.* (Griffa)

—Qué cruel selección, ¿no? Por eso hay que entregarles mucha ternura a los muchachos. (Víctor Hugo)

—*Y esto que vos decís se refleja más duramente cuando al chico se le acortan los tiempos por la edad, cuando le va llegando el momento de ser o no ser, que es en la cuarta división.* (Griffa)

Todos quieren ser delanteros

—¿Van a probarse jóvenes que quieren ser arqueros o la mayoría quiere ser jugador de campo? (Víctor Hugo)

—*Muy pocos vienen con la vocación de arquero. Creo que últimamente no hay una imagen fuerte de arqueros a quienes los chicos quieran imitar.* (Maddoni)

—¿Cuál es el porcentaje? (Perfumo)

—*No recuerdo el porcentaje pero arqueros, muy pocos; zagueros centrales, muy pocos.* (Maddoni)

—¿Todos quieren ser delanteros? (Perfumo)

—*Es curioso. Hace algunos años faltaban delanteros, había muchísimos defensores. Pero ahora ocurre a la inversa: muy pocos defensores y un montón de delanteros.* (Griffa)

—¿Entre los más chiquitos también es así? (Víctor Hugo)

—*Sí, totalmente. Sorín se vino a probar de diez, Placente de diez, Julio Arca de once, y yo los empecé a poner de tres.* (Maddoni)

—Sucede que son tiempos en que los medios tienen mucha influencia. Hoy todos los pibes quieren ser Ronaldo, Zidane, Tévez, Beckham. Eso queda claro en la venta de camisetas: la gran mayoría compra la camiseta de Ronaldinho y no la de Roberto Ayala. (Perfumo)

El sueño del pibe

Fernando «Teté» Quiroz y Hernán Díaz, agosto de 2003

—*En nuestra época nosotros vivíamos el fútbol muy intensamente y ahora eso no pasa, porque los chicos tienen otros elementos para distraerse, para formarse de otras maneras. Ahora hay muchos carriles y el fútbol es uno más, antes teníamos un único carril que era el fútbol.* (Quiroz)

—Cambió la meta, ¿no? Antes era el aprendizaje, ser un buen futbolista. Ahora es ir a Europa. Ser rico. (Perfumo)

—*Sí, el fútbol brinda unas tentaciones que nosotros hasta los 21, 22 años no percibíamos.*
Un día de éstos tuve una reunión con los jugadores de la cuarta y quinta división de Huracán y les pregunté si habían visto fútbol el fin de semana, porque a mí me gusta que hablen de fútbol y me planteen cosas. Y no habían visto fútbol el fin de semana. No hay demasiado interés. (Quiroz)

—Ésa es tu tarea, entusiasmarlos. (Perfumo)

—*Sí, claro. Pero para cumplir el sueño, que como me pasó a mí era el de ser jugador de fútbol, uno tiene que hacer todo lo posible para lograrlo. El técnico puede ayudar, el médico puede ayudar, el preparador físico también, pero lo más importante está dentro de cada jugador, su entusiasmo y su compromiso.* (Quiroz)

—*Yo creo que siempre pasó lo mismo: está el que tiene el fuego sagrado y el que no, y esto va más allá de lo técnico.* (Díaz)

—¿Cómo es el tema de los padres?, porque siempre se dice que los padres son muy exigentes, hay una tendencia a pensar que todo padre cuando ve que su hijo tiene buenas condiciones piensa «con éste me puedo salvar», y realmente muchas veces eso ocurre. (VÍCTOR HUGO)

—*Eso existió siempre. ¿Qué padre no va a querer que su hijo triunfe en el fútbol y gane plata?* (DÍAZ)

—Sí, pero en una época era el amor y la vanidad del padre, ahora ya es otra cosa. (VÍCTOR HUGO)

—Hay algo curioso en el tango «El sueño del pibe», que es de 1943.
El estribillo dice: «Mamita querida, ganaré dinero». (PERFUMO)

Más trabajo

—*¿Cómo trabaja usted en las inferiores?* (VÍCTOR HUGO)

—Desde novena división se trata de pulir todos los defectos que el jugador pueda tener en la parte técnica, porque cuando llegan a quinta es más difícil quitarle los vicios que tienen. No queremos volverlos locos a los trece o catorce años con la táctica, pero sí queremos que vayan teniendo una idea de por qué se hace una cosa, por qué se hace la otra, por qué es conveniente que el equipo juegue lejos de su arco, nociones básicas. Y después ya es un trabajo mucho más profesional, mucho más fino, porque ya son jugadores que, a mi manera de ver, tienen que estar para dar el salto a primera, y si pasan esa barrera de diecisiete años sin ese desarrollo, tienen menos chances de llegar. (QUIROZ)

DINERO GRANDE EN MANOS CHICAS

Jorge Rinaldi, en ese momento trabajando con las inferiores de San Lorenzo, noviembre de 2003

—*En San Lorenzo no se le paga a los futbolistas amateurs. Si alguien viene a jugar a San Lorenzo, y el representante o el padre le pide al club dinero para que juegue, el club no lo acepta. Porque para eso es un futbolista amateur que está en un período de formación. Un chico que juega en octava, en novena o en infantiles, tiene*

un camino muy largo por recorrer, donde tiene que ordenar un mon-
tón de cosas. El primer desorden es éste, la aparición del dinero en
esta etapa. (Rinaldi)

—¿Y la psicología de ese muchachito cómo funciona?, ¿qué evolución ve usted? (Víctor Hugo)

—*Yo veo una involución si hay plata de por medio. La evolución en el fútbol te la da el sabor de cada etapa que quemás. Cuando estás en una edad infantil tenés que aprender los conceptos básicos del fútbol, de la competencia; pero si en ese momento metemos la plata, se empiezan a mezclar todos los objetivos. El sueño de llegar a jugar en primera división queda en la nada.* (Rinaldi)

—Y ese niño que no sabe nada de la vida, que tiene 12 años y ya está recibiendo dinero por jugar al fútbol, ¿ya está muy presionado? (Víctor Hugo)

—*Sí, absolutamente, no se divierte. Cuando utilizamos la palabra divertirse no es que querramos decir que nos vamos a estar riendo si perdemos 4-0; el mismo sufrimiento de haber perdido 4-0 es una forma de diversión, pero pasan 15 minutos y volvés a ser un pibe de 12 años que tiene que ir a jugar a los jueguitos. No puede estar llorando 24 horas porque perdió un partido.* (Rinaldi)

Julio Olarticoechea y Jorge Burruchaga, en abril de 2004

—*Estoy viendo muchos entrenamientos de inferiores y hablo con los chicos. A veces les pregunto qué hicieron ese día y me dicen: «Pesas y trabajo de resistencia». Y les pregunto: ¿remate al arco y definición, no hacen? Y tienen que pensar cuándo fue la última vez que los hicieron patear al arco. Ése es un error total. Se está errando el camino, haciéndoles hacer pesas a los chicos cuando ese tiempo lo tienen que usar para aprender a definir en el arco rival, por ejemplo.* (Olarticoechea)

—¿De qué edad estás hablando? (Perfumo)

—*Trece años para arriba.* (Olarticoechea)

—Esto sucede porque se generalizó el entrenamiento y no se trabaja la especialidad. (PERFUMO)

—*Lo que no se trabaja es la técnica individual.* (OLARTICOECHEA)

—*Creo que a las inferiores les llegó el síndrome de la alta competencia: el resultado. Las inferiores siempre fueron el lugar de aprendizaje donde el resultado no era tenido en cuenta como algo primario. Hoy es al revés, si las inferiores no tienen resultados se cuestiona a los entrenadores. Y los entrenadores también son hombres comunes que tienen que trabajar para subsistir, entonces priorizan el resultado por las presiones y dejan de enseñar.* (BURRUCHAGA)

—Y además, en nuestra época, era inimaginable que un pibe de doce o trece años firmara un precontrato. (PERFUMO)

—*Habría que prohibir eso. Hasta los 18 años un futbolista no debería firmar un contrato.* (BURRUCHAGA)

DE ALIMENTACIONES Y RESULTADOS

*Carlos Pachamé y Claudio Vivas, coordinador
de las inferiores de Estudiantes de La Plata,
noviembre de 2004*

—*Los jugadores europeos no sufren las lesiones que sufren los nuestros. Yo creo que esto parte de la alimentación.* (PACHAMÉ)

—Los primeros cinco o diez años de la vida de cualquier persona fijan una historia que después se desarrolla. Muchísimos jugadores en Uruguay, en la Argentina y en Brasil también, cuando sufren lesiones continuas, buscan una explicación en el tipo de entrenamiento que están realizando en esos momentos. Y la verdad muchas veces está en la muy mala alimentación que han tenido. No nos olvidemos cuál es el origen de los muchachos que juegan al fútbol en América latina, normalmente muy humilde, entonces la alimentación no ha sido equilibrada, no ha sido abundante y nos encontramos con jugadores que han empezado a comer bien el día que empezaron a vivir como jugadores profesionales. (VÍCTOR HUGO)

—En cierta forma, esto es verdad, pero me pregunto: ¿qué tipo de alimentación tuvieron Ronaldo, Samuel Eto'o, Rivaldo, Maradona y todos los jugadores surgidos del llamado Tercer Mundo? (Perfumo)

—Es para pensarlo. (Víctor Hugo)

—*Cuando hacíamos la preselección de los juveniles veíamos muchos jugadores que verdaderamente jugaban bien, pero no soportaban la exigencia de entrenar de lunes a sábado. Les dábamos desayuno, almuerzo y merienda para ver si podíamos recomponerlos, pero ya tenían un déficit adquirido en la niñez.* (Pachamé)

—¿En Santa Fe y en Córdoba están mejor alimentados? (Perfumo)

—*Sí, sobre todo en Santa Fe, porque se supone que los chicos que viven en el campo se alimentan más sanamente que los de las grandes ciudades, pero la realidad social es general. Estoy notando en Estudiantes que hay buenos jugadores, pero les falta una buena base de alimentación, y eso no es culpa de Estudiantes, es un problema social.* (Vivas)

El potrero y las ligas

—*Hoy el futbolista tiene menor técnica porque, entre otras cosas, hay menos potreros.* (Vivas)

—En algunas partes, sí. (Perfumo)

—*En la mayoría de los lugares. (Vivas)*

—Pero fijate que, por ejemplo, en Florencio Varela hay una liga infantil que debe tener quince mil pibes. (Perfumo)

—*Pero la Liga no reemplaza al potrero. Cuando yo era pibe, mi viejo me dejaba jugar en la vereda todo el día, y eso hoy es imposible por varios motivos. Hay muchas Ligas y van a seguir existiendo, pero lo que casi no existe es el potrero, y eso genera que los jugadores sean distintos a los de antes, porque no están conducidos por gente idónea, porque no los dejan expresarse, por la presión de los padres. Y encuentro otro tema disgustante en los torneos de inferiores. Cuando veo que los equipos de chicos se paran 4-4-2 me produ-*

ce una cierta bronca, porque la figura del número diez es una figu-
ra que yo nunca perdería en divisiones inferiores. Porque es el juga-
dor creativo, el que le da fantasía al juego. (VIVAS)

—Tenés razón, esa figura está desapareciendo y es una lástima
porque es un símbolo del buen juego. (PERFUMO)

—Porque en inferiores se privilegia el resultado. (VIVAS)

—Pero la realidad es que no privilegian el resultado si no ponen
a un jugador creativo, porque el fútbol en cualquier división es creatividad puesta al servicio del triunfo. Sin eso no hay juego y sin juego no hay triunfo. (PERFUMO)

EL CHICO QUIERE JUGAR

El técnico Jorge Solari, diciembre de 2004

—Tal vez porque no se ha trabajado demasiado o se ha trabajado mal en inferiores es que ahora vemos que se juega como se juega. El apuro, la ansiedad del padre para que el hijo llegue rápido, el
entrenador que está obligado a poner en primera a un jugador de 17
años que todavía está blandito, son todos hechos que perjudican al
juego que se ve. Y además la saturación, porque si vos a un nene de
ocho años lo exigís, lo presionás, es posible que a los catorce no quiera jugar más. (PERFUMO)

—Es que el nene a los ocho años quiere jugar, no quiere compe-
tir. Entonces cuando va a la cancha a jugar y el técnico empieza a
gritar, el padre empieza a gritar, todos gritan, ya entra en la compe-
tencia, porque le empiezan a exigir. Y él quiere jugar. Cuando anda
en el triciclo nadie le dice: «Hacé una vuelta carnero con el triciclo,
andá más atrás, andá más adelante»... No, el chico va, esquiva los
árboles, viene y va con libertad, porque está jugando. Cuando no lo
hacen jugar, se cansa. Dice: «No juego más al fútbol» y nadie sabe
por qué. El padre le dice: «Cómo que no vas a jugar más, mirá que
firmamos, tenemos un compromiso con el club, yo te llevo y te trai-
go, te doy bien de comer, vos tenés que jugar». No quiere jugar más
y no sabe explicar por qué. Lo que pasa es que ésa es la edad del
juego y no lo están haciendo jugar. (JORGE SOLARI)

—La exigencia lo abruma, termina asustado y quiere rajar del estímulo desagradable. Sucede que ya no lo disfruta más. ¿Por qué ibas a jugar a la pelota a los cinco años a la esquina con tus amigos? Porque lo disfrutabas. Pero si a los ocho o diez años te empiezan a abrumar con táctica, y te obligan a correr más rápido que el compañerito, eso no es jugar. (Perfumo)

24.000 ILUSIONES

Daniel Onega, encargado de la selección de jugadores de inferiores en River, y Norberto «El Muñeco» Madurga, ex jugador, junio de 2004

—¿Cuántos chicos van a probarse a River por año? (Perfumo)

—*El año pasado* (2003) *vinieron a probarse a River veinticuatro mil chicos.* (Onega)

—¿Y además los que se van a probar ya pasaron un filtro? (Perfumo)

—*Sí, fueron preseleccionados. Por eso River después saca la cantidad de jugadores distintos que saca. Nosotros buscamos fundamentalmente en ellos la técnica. Hay otros clubes que prefieren ganar torneos en inferiores.* (Onega)

—¿Y River no gana torneos? (Perfumo)

—*River debe ser uno de los clubes grandes que menos torneos de inferiores ganó en los últimos años, porque no arma equipos para ganar partidos o torneos, trata de ser una escuela de jugadores de fútbol. En River quedan chicos que sabemos que en otros clubes no quedarían. Saviola y D'Alessandro en River fueron suplentes hasta la quinta división, porque se los protegía. Eran menudos físicamente y queríamos cuidarlos.* (Onega)

—¿Por qué decís que en River no importa la estatura de los jugadores? (Perfumo)

—*Porque medimos la técnica. En otros clubes ganan campeonatos de inferiores porque en octava o novena te ganan torneos ti-*

rando centros y tiros libres, haciendo cabecear a los más grando-
tes. (ONEGA)

—*Pero eso fue siempre así. Es un mal del fútbol. En nuestra épo-*
ca hasta la séptima o sexta, salvo algunos técnicos como Gandulla,
Duchini o Peucelle, se elegía a los de menos condiciones técnicas,
pero más robustos, para ganar campeonatos. Lo triste era que esos
chicos grandotes cuando llegaban a quinta división no podían ju-
gar más y se tenían que ir, y por ahí habían abandonado los estu-
dios y se habían hecho ilusiones con el fútbol. (MADURGA)

VIDA DE PENSIÓN

Los hermanos Lux. Javier, volante de Estudiantes,
y Germán, arquero de River, octubre de 2003

—¿Usted tuvo vida de pensión antes de llegar a primera? (VÍC-
TOR HUGO)

—*Sí, y mi experiencia fue muy mala, porque en Racing a las in-*
feriores no le daban importancia en el cuidado de los jugadores. Es-
to hoy lo cuento como una experiencia vivida. Lo malo es para los
chicos que a lo mejor no pueden llegar a primera y se tienen que vol-
ver a su pueblo, donde tal vez se les corta una carrera, el estudio.
Porque en el fútbol hay que tener suerte para llegar. (JAVIER LUX)

—Es difícil aguantar la nostalgia. (PERFUMO)

—*Yo al principio me volví a Carcarañá (provincia de Santa Fe),*
porque no quería esto para mí. Yo tenía otras expectativas, estudiar,
por ejemplo. (JAVIER LUX)

—¿Qué cosas eran tan negativas? (VÍCTOR HUGO)

—*Y, no tener para comer, ni más ni menos.* (JAVIER LUX)

—*Él ha pasado cosas en Racing que yo en River no las viví. Eso*
de pasar hambre, por ejemplo. En la pensión de River estábamos re-
lativamente bien, porque el club se preocupa por los jóvenes. Los
hace estudiar y los hace trabajar en el club como empleados admi-
nistrativos, en muchos casos. (GERMÁN LUX)

—¿Esa mala experiencia te sirvió dentro de la cancha? (PERFUMO)

—*Sí, muchísimo, porque le perdés el miedo a todo. Tal vez, esto me sirvió para aprender a disfrutar más intensamente los logros que alcancé.* (JAVIER LUX)

—Fue una experiencia mala que te sirvió para superar adversidades. Éste es el problema que tienen todos los pibes que llegan desde el interior. Si no superan el destierro, separarse de su familia, de sus amigos, están liquidados como jugadores. En cambio, si lo logran, se endurecen y son cracks. (PERFUMO)

Las frases

«¿Qué hay que hacer para pasar bien la pelota? Prepararse desde chico. Esto es como ser bailarín, nacés y desde chiquito empezás a prepararte.»

FERNANDO AREÁN

«Yo siempre digo que el pibe es como el asfalto fresco. Cuando eras niño y había un asfalto fresco, pasabas y hacías una marca. Pasás cincuenta años después y la marca continúa. La mente del chico es igual. Los ejemplos, los conceptos que vos le das en la etapa de formación, les quedan para toda la vida.»

GUSTAVO ALFARO

«El joven que estudia tiene muchas más posibilidades de jugar al fútbol que el que no estudia, porque desarrolla más la inteligencia. Hoy hay muchos jugadores que no pueden jugar porque no piensan, y si no se piensa hoy en día con toda la táctica que hay, es imposible.»

JUAN RAMÓN VERÓN

«En las pruebas de inferiores, de cada diez jugadores que se iban a probar, ocho eran delanteros. Ahora, de cada diez, nueve son volantes. Eso habla claramente de los tiempos que corren.»

JORGE RINALDI

Momentos

Caballero

En el partido Lanús-Independiente, por el Apertura 2004, Navarro Montoya le dio la pelota dentro del área a Tilger, delantero rival, para que la tirara al lateral porque él estaba lesionado. Y Tilger la tiró afuera.

—*Cuando recoge la pelota y va a sacar, sintió un dolor y no la podía patear, entonces me dijo: «Daniel, por favor, tirala afuera que no puedo».* (DANIEL TILGER)

—¿Y no te tentaste, no pensaste hacer el gol? (PERFUMO)

—*No, gracias a Dios. Y eso que íbamos empatando.* (risas) (DANIEL TILGER)

¡Murúa!

—*Yo tuve como técnico a Victorio Spinetto y me identifico con él en muchas cosas. Él había dirigido a la Selección en el Sudamericano del '59 y tenía anécdotas muy importantes. Yo quería saber cómo había hecho cuando jugó Garrincha en la cancha de River, con Brasil que venía de salir campeón del mundo. ¿Cómo había hecho para marcarlo? Y me dijo: «Ese día yo cambié, porque a Garrincha no le podía poner un jugador que marque solamente, le tenía que poner un jugador técnico».* (JOSÉ PEKERMAN)

—Lo marcó Murúa... (PERFUMO)

—*¡Murúa lo marcó, exactamente!... y lo hizo bien.* (JOSÉ PEKER-MAN)

—Murúa era un zurdo muy inteligente que jugaba en Racing. (PERFUMO)

—*En Racing... y en Platense.* (JOSÉ PEKERMAN)

CAPÍTULO 14

Sugerencias para un fútbol mejor

La optimización de los rendimientos físicos y el desarrollo constante de las tácticas ha provocado un fútbol sin espacios.
¿Debe modificarse el reglamento para buscar soluciones?
Aquí, las ideas.

El offside y el caos

El técnico Carlos Babington y el defensor
de Vélez Fabricio Fuentes

—*Si tengo que hablar de un cambio en el reglamento, yo suprimiría el fuera de juego.* (Babington)

—¿Y cómo se juega así? (Perfumo)

—*Como nos iniciamos todos, como en el potrero.* (Babington)

—Sí, pero ponés un jugador tuyo al lado del arco contrario y se queda ahí esperando la pelota. (Perfumo)

—*¿Pero por qué se va a quedar al lado del arco? Es un jugador menos para el equipo. No sé si se quedaría tan solo arriba. Y en el caso de que se quede, lo marcás.* (Babington)

—Y así se agranda la cancha. (Víctor Hugo)

—*Sería bueno, pero en una determinada parte de la cancha, en los últimos metros, porque si no existiera el offside, el juego sería más desordenado, más caótico.* (Fuentes)

—No creo que cambie tanto. ¿El técnico le va a pedir a su juga-
dor que se pare al lado del arquero? No. Pierde un elemento en el jue-
go y queda desequilibrado en otros sectores del campo. (BABINGTON)

—Sin estar del todo seguro, probaría con sancionar el offside a
partir de la línea del área grande, una línea imaginaria o real. Así tendríamos equipos de 60 o 70 metros y no de 40. Se agrandarían los
espacios. (PERFUMO)

LATERAL CON EL PIE

Carlos Bilardo

—Creo que se podría probar el saque de banda con el pie. Igual
hay jugadores que sacan fuerte con la mano. Yo una vez llevé a un
basquetbolista para que lo explique, y él nos enseñaba que le daba
potencia con una mano, y con la otra, dirección. (BILARDO)

—Pelé me dice eso siempre en las reuniones de la Comisión de
Fútbol de FIFA. Yo le contesto que los partidos van a ser puro pelotazos. Van a quedar dos lungos en el área y le van a tirar de cualquier
lado. Va a generar menos juego, estoy seguro. Además, ya se probó
el lateral con el pie y no funcionó. Carlos, ¿vos no creés que habría
muchos centros? (PERFUMO)

—Bueno, eso después lo ves. Pero por lo menos, ya no van a ti-
rar afuera la pelota tan fácilmente. (BILARDO)

—Yo creo que aunque se haga de por vida con la mano, el saque
lateral tiene que tener un tiempo acotado para su realización. Igual
que los seis segundos del arquero. (VÍCTOR HUGO)

LA AYUDA ELECTRÓNICA

Manuel Pellegrini

—Hay dos cosas del fútbol que a mí me gustaría cambiar. Pri-
meramente, creo que la televisión está demasiado avanzada como

para determinar si la pelota pasó o no la línea de gol, porque en esos casos no hay criterios que valgan. Con tanto tiempo como el que se pierde en el fútbol, una jugada tan decisiva como la del gol merece que se apliquen los elementos precisos. Sólo para eso, no para ver si fue offside o penal. Porque si no entró la pelota no fue gol, y si entró no se puede no cobrarlo. (PELLEGRINI)

—¡Es una infamia tan grande convertir un gol y que no lo cobren! (VÍCTOR HUGO)

—Como no convertirlo y que lo cobren. (PERFUMO)

—Bueno, un campeonato del mundo, el de Inglaterra '66, se definió con un gol que no fue. Las imágenes mostraron que la pelota no traspuso la línea de gol. (VÍCTOR HUGO)

—*Todo lo otro es discutible, porque si fue penal, después hay que convertir el penal, pero si fue gol o no fue gol es indiscutible.* (PELLEGRINI)

—¿Y cuál es la otra? (VÍCTOR HUGO)

—*El foul reiterativo. Creo que de alguna manera el fútbol tiene que acercarse al basquetbol, en donde un equipo tiene un máximo de foules por hacer y un jugador tiene un límite de faltas para cometer.* (PELLEGRINI)

—Ya que nombrás al basquet, ¿por qué a mí como técnico no me dan cambios ilimitados? ¿Por qué un jugador no puede salir unos minutos y retornar al campo después? Tiene que ver con lo que vos decís, Manuel. Si hay límites de faltas para cometer y a Zidane le falta una para ser expulsado, lo saco y lo vuelvo a poner en los últimos minutos del partido. (PERFUMO)

EL DATO

—La actuación de la selección del '90 quedó como muy mediocre, pero era el fútbol el que estaba muy mediocre en esos momentos. Le habían sacado todo el jugo posible al reglamento. El fútbol estaba pobre, no ese equipo. (VÍCTOR HUGO)

—Cambia en el '92 con la implementación de las nuevas reglas. Y esto cambió por Zoff, el arquero italiano que en la final del Mundial de España tuvo la pelota 14 minutos debajo del brazo. (PERFUMO)

—No sabía esto, ¿cómo fue? (VÍCTOR HUGO)

—Le contabilizaron a Dino Zoff en la final del '82, que de los 90 minutos del partido él la tuvo 14 minutos en sus manos. A partir de ahí se empezó a estudiar el tema y terminó con el cambio de reglas que modificó tácticamente el juego. (PERFUMO)

CAMBIAR PARA CRECER

—El primero de los cambios que le haría al reglamento sería la inclusión del tiempo neto.
Todos los fines de semana tenemos líos con lo que el árbitro adicionó o no. (VÍCTOR HUGO)

—¿La demora no es parte de la fiesta del hincha del equipo que va ganando? (PERFUMO)

—Creo que cuando hablamos de cuestiones reglamentarias apuntamos a que la calidad del espectáculo mejore. Si un jugador puede tirarse dos o tres minutos sabiendo que no se los van a devolver al partido, especula con el resultado, se queda ahí tirado, viene el camioncito, lo saca, enfría el partido. Ese tiempo no lo perdería si él sabe que de todas maneras sería adicionado. (VÍCTOR HUGO)

—De eso no hay ninguna duda. (PERFUMO)

—Otra de las cosas que se me ocurre es que no se puedan hacer cambios a partir, por ejemplo, de los 30 o 35 minutos del segundo tiempo, porque todo el mundo está asqueado de esos cambios que se hacen en el minuto cuarenta y cuatro. (VÍCTOR HUGO)

—Yo eliminaría las tarjetas amarillas, porque son las encargadas de anular el diálogo entre el jugador y el árbitro. (PERFUMO)

—¿Y cómo castigás las faltas que hoy merecen la tarjeta amarilla? (VÍCTOR HUGO)

—Con una advertencia verbal del árbitro, un consejo. Con esto se volvería al diálogo, a que el propio juez pueda tranquilizar a un jugador o viceversa, sin necesidad de condicionar el rendimiento de un futbolista. (Perfumo)

—¿Y la roja? (Víctor Hugo)

—La roja, sí. Porque ése es el límite. (Perfumo)

Una reforma de fondo

—Yo probaría durante cinco años que se cobre mano cuando se cabecea. (Perfumo)

—¿Por qué? (Víctor Hugo)

—Porque hay que volver a jugar la pelota por abajo, terminar con la ceremonia de la pelota detenida. Para que los técnicos no pierdan tiempo en la semana practicando esa lotería y usen ese tiempo para jugar, jugar y jugar, pero jugar al ras del suelo. Que trabajen destreza y técnica individual, que jueguen al fútbol, para que los pibes de la novena división cuando lleguen a primera tengan la destreza corporal y la técnica individual a que obliga este cambio. (Perfumo)

—¿Y de qué vivirían los grandes cabeceadores? (Víctor Hugo)

—Pero fijate que estos últimos 20 años de pelota por el aire, curiosamente no generaron grandes cabeceadores, ni en calidad ni en cantidad. Repasemos nombres… Palermo. (Perfumo)

—Roberto Ayala. (Víctor Hugo)

—¿Quién más? Te doy diez minutos para que pienses. (Perfumo)

—¿Y qué lograrías suprimiendo el cabezazo? (Víctor Hugo)

—Habría menos pelotazos y menos malos pases. Y disminuiría la fricción que genera el poco dominio de la pelota, porque al haber mayor imprecisión hay más disputa. Cuando Samuel vea que sus delanteros no pueden cabecear, no tira más pelotazos desde atrás, sale jugando. ¿Qué nos gusta más, un córner a la olla jugando al bingo o la pelota al ras jugada hacia atrás? Me gustaría hacer ese plebiscito. (Perfumo)

Lo que pide la gente

En «Hablemos de fútbol» participaron los televidentes sugiriendo cambios al reglamento.

Además de las ya mencionadas en este capítulo, éstas fueron otras ideas:

- Dos árbitros, uno en cada campo.
- Córner corto, como en el hockey, desde la línea del área grande.
- Eliminar las barreras en los tiros libres.
- Faltas personales, cantidad limitada.
- Que la pelota no pueda volver al campo propio una vez pasada la mitad de la cancha.
- Suspensiones temporales de los futbolistas (5 minutos, 10 minutos, etc.).
- Campos de juego de mayores dimensiones.
- Arcos más grandes.
- Diez contra diez. Quitar un jugador por equipo.

Momentos

Pecoso y rústico

—Usted tiene fama de que era rústico como jugador; sin embargo, su equipo tiene mucho respeto por la pelota. (Víctor Hugo)

—*Sí, porque el hecho de que uno haya sido un jugador un poco rústico no significa que mi pensamiento no pueda ser distinto. Yo hubiera querido ser mejor jugador. Cuando estaba en Colombia a mis centrales les decía: «Ustedes quieren salir jugando, ¿se creen que son Ramos Delgado o Perfumo?»* (risas) (Fernando «Pecoso» Castro)

Pico de garza

—Juan, ¿vos eras un jugador lento? (Perfumo)

—*No, no, no. Se comían la comida con eso de que yo era lento. Yo era un jugador muy potente. Fijate que jugué hasta los cuarenta y pico y seguía desnivelando.* (Juan Ramón Carrasco)

—¿Cuarenta y pico? ¿Qué pico? (Perfumo)

—*El pico de garza..., que es larguísimo, porque también está el pico de loro, que es más corto.* (risas) (Juan Ramón Carrasco)

Capítulo 15

Toques y rebotes

Nos quedaban en el tintero estos temas.

La única autoridad

Javier Castrilli, ex árbitro internacional, abril de 2003

—Javier, ¿vos veías el partido mientras dirigías? (Perfumo)

—*Sí, por supuesto. Lo veía y lo leía, como árbitro, naturalmente, porque esta actividad exige un alto grado de concentración para que nada te quede sin registrar en la corteza cerebral y vos puedas emitir una respuesta de acuerdo a lo que percibís.* (Castrilli)

—¿Te ayudó en el arbitraje haber jugado al fútbol? (Perfumo)

—*Me sirvió venir de una familia futbolera y respirar fútbol desde el momento en que di el primer paso. Vivía en la calle y jugando a la pelota.* (Castrilli)

—¿Por qué el árbitro tolera que un jugador le diga al juez de línea cualquier cosa? Está mal y va contra el reglamento, ¿por qué se lo tolera? (Víctor Hugo)

—*Víctor Hugo, eso es aberrante.* (Castrilli)

—Sucede que a veces el asistente está desbordado, van diez y lo insultan. (Perfumo)

—*Bueno, hay diez que vienen y te insultan, son diez que se van expulsados..., ése es el abc del arbitraje.* (Castrilli)

EL ENSAYO Y EL GARRÓN

Partido Banfield-Vélez, Apertura 2003. Córner para Banfield, mientras Moreno y Fabianesi se acerca para ejecutar el tiro de esquina, un alcanzapelotas le acomoda el balón en el lugar exacto. Moreno y Fabianesi acelera su carrera, tira el centro y es gol de Banfield.

El jugador se desprende de sus compañeros en el festejo para ir a saludar al chico que acomodó el balón y agilizó el juego.

—Fue tal la gravitación del chico, que Moreno y Fabianesi se separa de sus compañeros para ir a saludarlo. Viendo esta jugada nos preguntábamos: ¿cuánto tendrá que ver Garisto en esto? (VÍCTOR HUGO)

—*En el fútbol esta jugada se llama «el garrón».* (risas) (LUIS GARISTO)

—¡El garrón! Es jugar rápido la pelota parada antes de que se acomode el rival. (VÍCTOR HUGO)

—*Claro. Que no te metan el garrón, armá rápido la barrera, tomá rápido las marcas. Siempre hay un preámbulo, una ceremonia de los defensores para agarrar a los delanteros antes de la ejecución de la jugada de pelota parada… y nosotros hablamos de jugar rápido, ésta es una jugada de otras épocas.* (LUIS GARISTO)

—¿Y de dónde viene esa jugada? ¿Dónde la viste antes? (VÍCTOR HUGO)

—*La verdad, la hizo Pompei jugando para Estudiantes de La Plata contra nosotros. El técnico era Craviotto. La hicieron muy bien y casi nos comemos el garrón.* (LUIS GARISTO)

—Muchas veces se ha desmerecido a los técnicos que preparan en la semana estos pequeños secretos que te hacen ganar un partido: un córner, un tiro libre. (VÍCTOR HUGO)

—Y más que un partido, te pueden hacer ganar un campeonato. Yo sufrí el gol del Chapa Suñé de tiro libre en la final del Nacional de 1976, que pateó mientras Fillol estaba armando la barrera en aquel recordado Boca-River. (PERFUMO)

—*Lo que pasa, es que ahora ya no es secreto porque se muestra por televisión y avivan a los giles.* (LUIS GARISTO)

—Sí, pero hay más cosas para hacer, o las mismas cosas mejor hechas o renovadas. Por ejemplo, el famoso cabezazo en el primer palo del Estudiantes de Bilardo (1982), eso se trabajaba, no salía de casualidad. (VÍCTOR HUGO)

—*Se trabajaba y mucho. Carlos Bilardo decía algo: «Siempre hay un tonto en el equipo contrario». Claro, que él lo decía con otra palabra.* (JOSÉ LUIS BROWN)

—Sí, una que empieza con be larga. (PERFUMO)

—*Exacto.* (risas) (JOSÉ LUIS BROWN)

ELOGIO DEL TRABAJO. PROPUESTAS

*Los preparadores físicos Ricardo Pizzarotti
y Gabriel Macaya, julio de 2003*

—*Yo creo que los directores técnicos tienen que tomar mayor partido en el desarrollo de la actividad de un programa de trabajo. Mi hipótesis apunta a lo siguiente: en estos tiempos de torneos cortos, que se comen a los entrenadores todos los días, se necesita trabajar sobre estructuras, porque los jugadores de hoy son de tránsito. Y si me venden al as de espadas y no tengo una estructura sólida, me quedo desamparado. Esto no implica que le quite espacio al preparador físico, sino que hay que aumentar las horas de trabajo. Hay que terminar con eso de la hora y media de entrenamiento, los tres turnos de pretemporada, o un doble turno en la semana..., el jugador deberá trabajar como lo hace un bailarín, como lo hace un pianista, cinco o seis horas por día. Esto no significa que todos tengan que estar corriendo con cargas elevadísimas, se tienen que hacer trabajos específicos en la preparación física, en el dominio de los fundamentos técnicos y en el dominio de situaciones que se generan durante el juego. También en aspectos que hacen a la formación integral del jugador (como ser: conocimientos sobre nutrición, el valor del descanso, trato con el público, los medios de comunicación, los dirigentes, reglamentos internos, etc.).* (PIZZAROTTI)

—Es bueno que se fomente el hábito de que el jugador se quede después de la práctica a perfeccionar sus defectos. Por eso estaría bien lo de las seis horas de trabajo, como vos decís. (PERFUMO)

—Hasta hace 25 ó 30 años la historia que traía un jugador era de miles de horas de potrero, que ahora los jugadores no traen, por lo tanto es más que atinado pensar que todo lo que no han mejorado en el aspecto técnico, en el tuteo con la pelota, en la intimidad, en la sensibilidad, lo hagan en ese trabajo que no se realiza, y que uno se pregunta ciertamente por qué el jugador no tiene tendencia a hacerlo, a trabajar más horas. (VÍCTOR HUGO)

—Ahora dudo y pregunto: ¿puede el jugador estar seis horas dentro de la cancha todos los días? Es un cambio de fondo, que generaría resistencias seguramente. (PERFUMO)

—*A mí me parece que la tendencia va a ser amalgamar la preparación física con la técnica, la táctica y la estratégica.* (GABRIEL MACAYA)

—*Esto implica también un mejor trabajo en las divisiones inferiores, en la etapa formativa...* (PIZZAROTTI)

—Sí, más maestros y menos técnicos para los pibes. (PERFUMO)

—*En mi caso, he encontrado algunos jugadores que son de selección, de nivel internacional y que tienen deficiencias en la formación atlética, no dominan la técnica de la carrera o carecen de flexibilidad. En los aspectos técnicos, dificultades para pegarle con precisión a la pelota en movimiento, en los pases a distancia o en el juego aéreo. Evidentemente, una de las cosas que caracteriza al jugador argentino y que todavía lo hace relevante es que tiene dos particularidades: una, es el apasionamiento por el juego, y la otra es atávica, es la capacidad para realizar maniobras de engaño, la picardía. Con esos dos argumentos sigue teniendo vigencia a nivel internacional, pero qué más importantes serían nuestros jugadores si le incorporaran este valor agregado del que hablábamos desde el punto de vista físico, táctico y técnico.* (PIZZAROTTI)

LA PRETEMPORADA

El técnico de Quilmes, Gustavo Alfaro, y el preparador
físico de su plantel, Sergio Chiarelli, agosto de 2004

—¿Cuánto tiempo requiere una buena pretemporada? (PERFUMO)

—*Una buena pretemporada lleva entre seis y ocho semanas. Hoy por hoy no disponemos de esos tiempos y hablar de una buena pretemporada es una quimera. Ahora, como máximo se está trabajando entre tres y cinco semanas.* (CHIARELLI)

—¿Cómo se divide la pretemporada? (VÍCTOR HUGO)

—*Nosotros la dividimos en tres etapas. La primera es estrictamente física, donde buscamos desarrollar las aptitudes específicas. La segunda la usamos para complementar la parte física a través de los trabajos con pelota. Y la tercera es para los trabajos de velocidad en la parte física y los ensayos futbolísticos mediante amistosos para la puesta a punto de la parte táctica.* (ALFARO)

—¿Hay un trabajo dividido según el sector del campo que el jugador ocupe? (PERFUMO)

—*Exactamente. Mi criterio es trabajar así, los arqueros por un lado, los defensores por otro, y lo mismo para volantes y delanteros. Creo que el jugador tiene que desarrollar sus prácticas lo más específicamente posible, realizando las tareas y trabajando por los lugares que va a transitar en el partido.* (ALFARO)

ESE AMIGO DESCONOCIDO

Mauricio Macri, presidente de Boca Juniors,
noviembre de 2004

—Reflexionemos un poco sobre esta idea, que a lo mejor no es acertada: el fútbol como igualador social. ¿De qué puede hablar Mauricio Macri con el señor que le sirve el café, por ejemplo, que no fuera de fútbol? (VÍCTOR HUGO)

—*El fútbol es maravilloso para eso. Es un puente de comunica-*

*ción que rompe con todas las barreras sociales, culturales, políticas. El fútbol te conecta, te lleva lineal y abiertamente a entablar un diálogo. Y lo más lindo, por ejemplo, es el compañero de la cancha. Uno va al estadio toda la vida y lo tiene al lado a Cacho... y Cacho es Cacho, vos sos Víctor Hugo y yo soy Mauricio... y por ahí nunca se preguntan qué hacen, a qué se dedican, pero es un rito que cada quince días se vuelvan a encontrar en la cancha. Y uno espera ese momento, ese reencuentro. (*MACRI*)

DIRIGENTE RENTADO, VENTAS, TV

Fernando Marín, presidente de Blanquiceleste S.A., gerenciadora de Racing, septiembre de 2004

—¿El dirigente de fútbol tiene que ser rentado? (VÍCTOR HUGO)

—*No creo en el dirigente ad honorem, creo que el dirigente tiene que ganar dinero en una actividad que es absolutamente profesional. No entiendo cómo le pueden dedicar doce o trece horas por día al club, dejando de lado su oficina, su empresa, su consultorio. Ahí es donde ingresa la sospecha. Si hay un presupuesto para los jugadores, para el equipo técnico y para el equipo médico, tiene que haber un presupuesto para los dirigentes que se dedican full time, que trabajan de eso.* (MARÍN)

—¿Y cómo ves el negocio del fútbol en la Argentina desde tu empresa gerenciadora? (PERFUMO)

—*El fútbol como negocio en la Argentina, salvo por la venta de jugadores, es malo. Máxime en un club grande, donde es muy difícil el equilibrio por una serie de factores. Antes la entrada valía 10 pesos que eran 10 dólares, y ahora vale 10 pesos que son 3 dólares, y los contratos de los jugadores más o menos se mantienen como antes, no se pesificaron totalmente. La única forma de equilibrar una institución es vendiendo. ¿Quién te exige vender? No sólo las circunstancias de la empresa o el club, el jugador también te pide que lo vendas, porque la única evolución económica que puede tener es con un nuevo contrato afuera del país.* (MARÍN)

—¿Tener un buen equipo no es también un buen negocio? (PER-FUMO)

—No, porque vos ponés ese equipo en la cancha y después te dicen lo que vale la entrada... y la entrada tiene que ser así de barata, porque si no, no va nadie, porque se ha creado la cultura de la televisión y el negocio del fútbol está allí. Este juego siempre tendrá audiencia y por lo tanto buen dinero de la mano de la publicidad. (VÍCTOR HUGO)

—Pero un buen equipo genera buenos jugadores y un buen jugador posibilita una buena venta. Y si además el equipo sale campeón, los jugadores valen el doble o el triple. (PERFUMO)

Las frases

«Nadie gana un clásico o una final sin merecerlo.»

MARIO ZANABRIA

«En el mundo del conocimiento el aprendizaje continuo nos cabe a todos, no lo podemos soslayar. Entonces, hay que estudiar más.»

RICARDO PIZZAROTTI

«Cuando el partido está dos a cero, un penal se puede tirar a colocar, pero en el último minuto de un partido que está cero a cero, no. Es mucha chance para el arquero. Si sale bien, es fantástico, pero si el arquero acierta el palo...»

VÍCTOR HUGO

«Cuando llegamos a Tres Arroyos luego de haber obtenido el ascenso a Primera con Huracán, la gente nos saludaba desde arriba de los tractores trabajando en la cosecha. Cuarenta kilómetros antes de la ciudad toda la gente del campo nos saludaba y nos acompañaba con una caravana de tractores. Fue todo un acontecimiento.»

EDUARDO ANZARDA

«Jugar en la altura de La Paz trae muchas complicaciones, pero es una excusa insuperable para explicar las derrotas.»

VÍCTOR HUGO

«El tenis ayuda mucho al entrenamiento del jugador. Le digo a cualquier jugador que si puede hacer una hora por semana de tenis con un buen jugador, que lo haga correr por toda la cancha, porque ese entrenamiento no se lo da casi ningún otro ejercicio.»

Pablo Forlán

Momentos

Chilena

—*Yo creo mucho en los estados de ánimo en el fútbol. Por ejemplo, cuando hice el gol de chilena contra Polonia.* (Nota del editor: Torneo de Verano de 1986, River 5 – Selección de Polonia 4.) *Yo en ese partido ya había hecho dos goles, habíamos remontado el resultado. Y en la jugada, llegué a la pelota de frente al arco y giré haciendo una chilena, una cosa inédita. También la podía haber tirado a la tribuna, pero fue el estado de ánimo el que me llevó a hacer esa jugada.* (FRANCESCOLI)

—El partido todo te llevó a hacer esa jugada. El partido te contagió las ganas de jugar de esa manera. (VÍCTOR HUGO)

Capítulo 16

Pequeño diccionario de frases hechas

Lo que todos dicen y nadie sabe qué quiere decir

Atacar por adentro: Actividad en desuso. Se refiere a entrar tirando paredes, llegando con los volantes hasta la propia puerta del arco de enfrente.

Actualmente se usa para describir cómo un equipo tira centros de todos lados para que un nueve grandote se saque la lotería.

Atacar por afuera: Literalmente, esto es imposible de hacer, porque si tu equipo ataca por afuera, es saque lateral para el contrario. Esta muletilla se utiliza para explicar que se juega por los costados, por las orillas.

La versión más disparatada la lanzó un comentarista, que habló de atacar por los suburbios del campo de juego.

Buen pie: Calificación que recibe el jugador que tiene buena relación con la pelota. Para decir que tiene talento, buena coordinación e inteligencia, se le dice que tiene buen pie. Y decir que tiene buen pie tiene la misma importancia que decir que es lindo. Porque nadie juega sólo con el pie.

Carrilero: Dícese del que corre por un carril determinado, de un área a la otra.

A veces es marcador de punta; a veces, volante y, a veces, extremo. Su actividad mayor consiste en correr más que el carrilero del equipo contrario.

Cerrar el partido: Significa sacarle tres goles de ventaja al rival y rematar el partido. Pero se lo utiliza para describir al equipo que ya no quiere jugar más porque, paradójicamente, está satisfecho con el resultado que está logrando. Entonces, hace tiempo, se tira atrás, se cuelga del travesaño, hace entrar al autito... Generalmente sucede en los últimos minutos del partido, aunque han existido especialistas que a la media hora del primer tiempo ya habían bajado la persiana del lado de adentro.

Distinto, él: Que no se parece a nadie, sin par. En la historia del fútbol hubo tres o cuatro, pero hoy se promueven a demasiados jugadores distintos. Hay tantos distintos que al final son todos iguales. Otra confusión: ¿es distinto porque es mejor o peor que los demás?

Enganche: Es el encargado de enganchar a los que defienden con los que atacan.

También llamado organizador, enlace, creativo, manija, conductor. Se trata de un centrodelantero retrasado en el campo, con concretas obligaciones de pisar el área rival.

Sueño recurrente de varios entrenadores.

Extremo: Especie de la que quedan pocos ejemplares, y que tiene una duda hamletiana: Ser o no ser... el que corre al lateral hasta el fondo para marcarlo.

En posesión de la pelota, son aquellos que atacan por los costados, los orilleros.

Falta descalificadora: Expresión utilizada al revés, porque en verdad califica al que comete esa falta.

Y la propia tribuna contraria se encarga de calificar al infractor con una terminología muy esclarecedora: animal, bestia, burro...

Gol de otro partido: Primera incógnita: ¿de cuál partido? ¿De uno mejor o de uno peor?

Porque se han visto grandes goles en partiditos y goles en contra en partidazos.

Por lo general, se acude a esta muletilla para explicar que en el partido que nos estaba haciendo bostezar, uno se salió del libreto e hizo un golazo. Pero ese golazo fue de ese partido y no de otro.

Hacer hombre: La expresión correcta es marcar hombre a hombre. Hacer hombre suena a la construcción de un individuo, cuando en verdad, en la cancha hacer hombre significa todo lo contrario. Sería, más bien, deshacer hombre.

No ligamos: Estas dos palabras, unidas de esta manera, obligarían a cerrar todos los lugares donde se estimule el pensamiento. Elude la capacidad de análisis y contribuye a la ignorancia de no saber por qué pasan las cosas. Es la bolsa a la que va todo lo que no sabemos explicar.

Tres dedos: ¿Cuáles tres dedos? ¿Contando desde adentro hacia afuera o desde afuera hacia adentro del pie?
La descripción correcta es borde externo del pie. La cantidad de dedos es un misterio.
No hay demasiadas certezas de que estos remates se hagan exactamente con tres dedos, así que discúlpese a aquellos que dicen «le pegó con tres dedos», cuando tal vez el remate haya sido impactado por dos dedos o cuatro.

Volumen de juego: Tener volumen de juego es poseer una cierta eficacia en el poco o mucho tiempo que se tenga el balón durante un partido.
Pero se utiliza mal para explicar que un equipo hace muchas jugadas bonitas, que son generalmente ineficaces. Ese equipo tiene mucho la pelota, pero «no liga» para hacer goles.
Según esta visión, los que tienen mucho volumen de juego son los que se pasan la pelota entre ellos y siempre están en el mismo lugar.

Eficiencia y eficacia: Eficiencia es saber llegar a la posición de gol en área rival. Eficacia es hacer el gol. Cuando sólo se logra lo primero y no se convierte, se habla de mala suerte. En realidad, es como manejar bien un auto en la ruta, ser eficiente y no incurrir en contravenciones. Pero se es ineficaz porque en vez de llegar a Mar del Plata (nuestro destino), llegamos a Corrientes, por haber tomado otra ruta. Fuimos eficientes pero no eficaces.

Capítulo 17

Biografía
de los protagonistas

Éstos son los datos más salientes de las trayectorias
de aquellos que participaron con sus opiniones
y sus vivencias en distintos programas
de «Hablemos de fútbol»
y que posibilitaron este libro

ABBONDANZIERI, ROBERTO: Arquero de Rosario Central, Boca Juniors y la Selección Argentina.

ACOSTA, ALBERTO: Delantero de Unión de Santa Fe, San Lorenzo y Boca Juniors. Además, jugó en Chile, Japón, Portugal y la Selección Argentina.

ACOSTA, NELSON: Volante que actuó en la selección de Uruguay. Como técnico, dirigió a varios equipos y a las selecciones de Bolivia y Chile.

AGUILAR, JOSÉ MARÍA: Dirigente. Presidente del Club Atlético River Plate.

AIMAR, CARLOS: Jugó en Rosario Central y San Lorenzo (década del 70). Como entrenador dirigió, entre otros, a Deportivo Español, Boca, Rosario Central y San Lorenzo.

ALBERO, ARNOLDO: Fue médico del plantel de Boca Juniors y es el presidente de la Asociación de Traumatología del Deporte de la Argentina.

ALESSANDRIA, LUCAS: Defensor de Lanús y Quilmes, pasó por el fútbol español.

ALFARO, GUSTAVO: Como futbolista, jugó en Atlético de Rafaela en el ascenso. Como técnico dirigió a Rafaela, Belgrano de Córdoba, Quilmes y San Lorenzo.

ÁLVAREZ, OSCAR LUIS: Licenciado en Psicología, UBA, 1969. Posgrado en Psicología aplicada al deporte, UBA. Docente de la Facultad de Psicología, UBA. Asesor en psicología del deporte en el Club Ciudad de Buenos Aires. Equipos de hockey sobre césped masculino y femenino. Colaborador de los directores técnicos Sergio Vigil y Marcelo Garrafo.

ALZAMENDI, ANTONIO: Delantero uruguayo que en la Argentina jugó en Independiente y en River. Jugó para la Selección de su país los mundiales de México e Italia. Como entrenador dirigió a equipos uruguayos.

AMATO, GABRIEL: Delantero que jugó en Gimnasia, Boca, Independiente, River y Banfield. Tuvo un largo periplo europeo.

AMELI, HORACIO: Defensor que jugó en Colón de Santa Fe, San Lorenzo, River y el fútbol mexicano.

ANZARDA, EDUARDO: Delantero que actuó en Unión, River, Real Madrid de España y Platense, desde 1969 hasta 1983. Como entrenador dirigió a Platense, Huracán de Tres Arroyos y varios equipos en el ascenso.

APO, ALEJANDRO: periodista. Comentarista de fútbol por radio y televisión.

ARDILES, OSVALDO: Volante que jugó en Instituto y Belgrano de Córdoba, Huracán y el fútbol inglés y francés. Como técnico dirigió en Inglaterra, México, Argentina (Racing), Japón y Croacia. Campeón del mundo en Argentina 78.

AREÁN, FERNANDO: Centrodelantero de la década del 60 que jugó en San Lorenzo y Banfield. Como técnico dirigió a varios equipos. Entre ellos: Argentinos Juniors, San Lorenzo, Belgrano de Córdoba y Talleres de Córdoba.

ARTIME, LUIS: Jugó en Atlanta, River, Independiente, Palmeiras de Brasil, Nacional de Montevideo y Fluminense de Brasil, entre 1959 y 1974. También actuó en la Selección Argentina.

ARTIME, LUIS FABIÁN: Delantero que jugó en Ferro, Independiente, San Lorenzo y Belgrano de Córdoba. Hijo de Luis.

ASTRADA, LEONARDO: Volante de River Plate. Además jugó en Brasil y en la Selección Argentina. Como técnico dirigió a River.

AVANZI, ROBERTO: Defensor que jugó en Vélez Sarsfield y Estudiantes de Buenos Aires en Primera División. Destacado médico deportólogo.

Babington, Carlos: Volante creativo de la década del '70. Jugó en Huracán y en el fútbol alemán. Actuó en la Selección Argentina. Dirigió a Huracán, Racing, Platense, River, Chacarita y Banfield, entre otros.

Basualdo, José Horacio: Jugó en Mandiyú de Corrientes, Racing, Vélez y Boca, entre otros. Jugó además en el fútbol alemán y español, y en la Selección Argentina. Es director técnico.

Batista, Sergio: Jugó en Argentinos Juniors y River Plate. Con la Selección Argentina fue campeón mundial en el '86 y subcampeón en el '90. Como técnico dirigió en el ascenso y a Argentinos Juniors y Talleres de Córdoba.

Bauza, Edgardo: Defensor que jugó en Rosario Central, Independiente, Junior de Barranquilla y Veracruz de México. Como técnico, dirigió a Central y a Vélez, entre otros.

Bertoni, Ricardo Daniel: Jugó en Quilmes, Independiente y el fútbol europeo. Campeón mundial con Argentina en 1978. Como entrenador dirigió a Independiente.

Bilardo, Carlos Salvador: Jugó en Deportivo Español, San Lorenzo y Estudiantes. Como técnico, ganó con la Selección Argentina el Mundial '86 y llegó a la final en el '90. Dirigió en Argentina, Colombia, España y Asia.

Blanco, Oscar: Jugó en Boca, Racing y All Boys, en la década del 70. Como técnico, dirigió en el ascenso y a Atlético de Rafaela en Primera A.

Bochini, Ricardo: Ídolo de Independiente, único club en el que jugó. Integró la Selección Argentina (campeón en México) y fue técnico en dupla con Carlos Fren.

Borghi, Claudio: Jugó en Argentinos Juniors, River, Independiente, Platense, Huracán y Unión. Jugó en las ligas de Italia, Suiza, Brasil y Chile. Integró la Selección campeona del mundo en el '86. Actualmente es técnico.

BROWN, JOSÉ LUIS: Defensor que jugó en Estudiantes de La Plata, Boca, Racing, Deportivo Español, y en Colombia, Francia y España. Campeón del mundo con la Selección Argentina en México '86. Como técnico, dirigió a Almagro y Nueva Chicago en Primera.

BURRUCHAGA, JORGE: Campeón del mundo en México '86 con la Selección Argentina y subcampeón en Italia '90. Jugó en Independiente y en el fútbol francés. Como entrenador dirigió a Arsenal de Sarandí y Estudiantes.

CAGNA, DIEGO: Volante de Argentinos Juniors, Independiente, Boca y el fútbol español. Jugó en la Selección Argentina.

CAMPS, PATRICIO: Jugó en Vélez, Banfield, Quilmes y el fútbol griego.

CAPRIA, RUBÉN: Volante creativo que jugó, entre otros, en Estudiantes de La Plata, Racing, Chacarita, Unión de Santa Fe y Newell's.

CARRASCO, JUAN RAMÓN: Volante uruguayo que en la Argentina jugó en River y en Racing. Integró la Selección de su país. Como técnico dirigió a Rocha, a Fénix y al seleccionado uruguayo.

CARRIZO, FABIÁN: Volante central que actuó en Boca, San Lorenzo, Independiente y Huracán. Como técnico dirigió en el ascenso.

CASTRILLI, JAVIER: Árbitro que dirigió en Primera División entre 1991 y 1998. Actuó en el Mundial de Francia.

CASTRO, FERNANDO ("El Pecoso"): Defensor colombiano que integró el Deportivo Cali de Bilardo, subcampeón de la Copa Libertadores 1978. Como entrenador dirigió al América de Cali.

CASTROMÁN, LUCAS: Volante de Vélez que jugó en el fútbol italiano e integró la Selección Argentina.

CAVENAGHI, FERNANDO: Delantero de River y del fútbol ruso. Jugó en la Selección.

CEJAS, MARIO AGUSTÍN: Arquero de Racing, Huracán y River, jugó entre 1962 y 1981. Actuó en el fútbol brasileño, atajando en el Santos de Pelé. Como técnico, dirigió a Racing y también en Guatemala.

CHIARELLI, SERGIO: Preparador físico que acompañó al técnico Gustavo Alfaro en Quilmes y San Lorenzo.

Chilavert, José Luis: Arquero paraguayo que en su carrera marcó 48 goles. Jugó en Sportivo Luqueño de su país, pasó por Guaraní y llegó a San Lorenzo de Almagro. Luego jugó en Vélez, el fútbol español, el fútbol francés y Peñarol de Montevideo. Símbolo de su selección, jugó el mundial '98.

Comisso, Emilio Nicolás: Volante que jugó en River, Argentinos Juniors, Talleres de Córdoba, Estudiantes y Quilmes. Actuó entre 1976 y 1991. Como técnico dirigió a Racing.

Díaz, Hernán: Jugó en Rosario Central, River Plate, Colón de Santa Fe y la Selección Nacional.

Dolina, Alejandro: Escritor y humorista argentino, conductor de exitosos ciclos radiales.

Domínguez, Sebastián: Zaguero de Newell's y el Corinthians de Brasil.

Fabbri, Néstor: Jugó en Racing, Boca, Estudiantes y el fútbol francés. Inició y terminó su carrera en All Boys en el ascenso. Actuó en la Selección.

Falcioni, Julio César: Arquero que jugó en Vélez, América de Cali de Colombia y Gimnasia y Esgrima La Plata. Como técnico se inició en Vélez y también dirigió a Olimpo de Bahía Blanca, Banfield e Independiente.

Fanesi, Alberto: Fue campeón en los tres clubes argentinos en los que actuó: Rosario Central, Huracán y Quilmes.
Como técnico se destacó en inferiores, pero también condujo los planteles profesionales de Gimnasia, Huracán, Quilmes y Vélez.

Ferrero, Enzo: Puntero izquierdo que jugó en Boca y el Sporting de Gijón de España.

Fontanarrosa, Roberto: Escritor y dibujante argentino, que ha publicado varios libros con cuentos de fútbol.

Forlán, Pablo: Defensor uruguayo que jugó en Peñarol, la Selección y el fútbol brasileño, en las décadas del 60 y 70.
Padre de Diego.

FOSSATI, JORGE: Arquero de Peñarol de Montevideo, Independiente y Rosario Central. Como técnico dirigió a Peñarol, en el fútbol paraguayo, en el argentino y a la selección uruguaya.

FRANCESCOLI, ENZO: Jugó en Wanderers de Montevideo, River Plate de la Argentina y en las ligas de Francia e Italia. Con la selección uruguaya ganó dos ediciones de la Copa América y jugó dos mundiales.

FUENTES, FABRICIO: Zaguero central de Newell's y Vélez, que jugó en el fútbol europeo y mexicano.

GALLEGO, AMÉRICO: Volante central de Newell's y River (1974-1988), campeón del mundo con la Selección Argentina en 1978. Como entrenador obtuvo títulos dirigiendo a tres equipos diferentes: River, Independiente y Newell's.

GARCÍA CAMBÓN, CARLOS: Delantero de Chacarita, Boca y Unión (1967-1977).

GARECA, RICARDO: Centrodelantero que jugó en Boca, Sarmiento de Junín, River, América de Cali, Vélez, Independiente y la Selección Argentina.

GARISTO, LUIS: Zaguero uruguayo que en la Argentina fue campeón local y de la Libertadores con Independiente (1969-1973). Como técnico, dirigió en Uruguay, en México, en Chile y en la Argentina.

GIULIETTI, RAFAEL: Fue médico del plantel de River Plate y es el secretario de la Asociación de Traumatología del Deporte de la Argentina.

GÓMEZ, JUAN: Defensor y volante que jugó en Argentinos Juniors, River Plate y el fútbol español.

GOYÉN, CARLOS: Arquero uruguayo que jugó en Independiente y Argentinos Juniors. También actuó en Uruguay y en Colombia.

GRIFFA, JORGE BERNARDO: Como jugador, actuó en Newell's (1954-1958), Atlético de Madrid y Español de Barcelona. Entrenador de inferiores, trabajó en Newell's y en Boca Juniors. Descubridor de talentos.

Griguol, Carlos: Centromedio que jugó en Atlanta y en Rosario Central (1957-1969). Como técnico, dirigió a Rosario Central, Kimberley de Mar del Plata, Ferro, River, Gimnasia, Unión y en el fútbol de México y España.

Guglielminpietro, Andrés: Jugó en Gimnasia y Esgrima La Plata, el Milan y el Inter de Italia y Boca Juniors, entre otros.

Halfon-Laksman, Diego: Psicoanalista. Carece de toda relación con la psicología del deporte.

Herbella, Juan Manuel: Defensor que jugó en Vélez, Nueva Chicago, Quilmes y Argentinos Juniors. También en el fútbol brasileño.

Hernández, Patricio: Tradicional número diez de los '80, que jugó en Estudiantes, el fútbol italiano, Instituto de Córdoba, River, Argentinos Juniors y Huracán. Como técnico trabajó en Argentinos Juniors, Lanús y Banfield.

Higuaín, Federico: Jugó en Racing y en River. Hijo de Jorge.

Higuaín, Jorge: Defensor que jugó en San Lorenzo, Boca y River. También jugó en Francia. Como entrenador dirigió a equipos del ascenso.

Hrabina, Enrique: Jugó en Atlanta, San Lorenzo y Boca. Como técnico dirigió interinamente a Boca y en dupla con Juan Amador Sánchez a Almagro.

Iglesias, José Raúl: Goleador que pasó por quince equipos. Se destacó en Racing, San Lorenzo y Huracán. Como técnico dirigió a Deportivo Español y en España.

Insúa, Federico: Volante creativo de Argentinos Juniors, Independiente y Boca. Jugó en España.

Ischia, Carlos: Volante de Chacarita, Vélez y el fútbol colombiano (Junior y América de Cali). Jugó entre 1975 y 1990. Como técnico dirigió a Vélez y a Gimnasia y Esgrima La Plata.

Islas, Luis: Arquero que jugó, entre otros, en Chacarita, Estudiantes, Independiente, Newell's y el fútbol de México. Fue suplente en la selección argentina campeona del mundo del '86 y titular en la que jugó el mundial '94.

Juan, Mariano: Campeón mundial Sub 20 con la Selección Argentina en Qatar '95. Se inició en River, pasó al Ajax de Holanda y luego jugó en Racing y Huracán en el ascenso.

López, Juan José: Volante de las décadas del '70 y '80, que jugó en River Plate, Talleres de Córdoba, Boca, Argentinos Juniors y Belgrano de Córdoba. Como entrenador dirigió a Instituto de Córdoba, Unión de Santa Fe, Talleres de Córdoba y Olimpo de Bahía Blanca, entre otros.

Lux, Germán: Arquero de River Plate, campeón olímpico con la Selección Argentina en Atenas 2004.

Lux, Javier: Volante de Racing, Talleres de Córdoba, Estudiantes de La Plata y Banfield.

Mac Allister, Carlos Javier: Defensor de Argentinos Juniors, Boca, Racing y Ferro. Fue técnico de Argentinos Juniors y Belgrano de Córdoba.

Macaya, Gabriel: Como futbolista, llegó hasta la reserva de Boca y actuó en Atlanta y en All Boys. Luego se volcó a la preparación física, y estuvo a cargo de los planteles de Boca, Vélez y River, entre otros.

Macaya Márquez, Enrique: Comentarista de fútbol de prolongada trayectoria en radio y televisión.

Macri, Mauricio: Dirigente. Presidente del Club Atlético Boca Juniors.

Maddoni, Ramón: Director técnico de las categorías infantiles de Boca Juniors. Por sus manos pasaron grandes figuras del fútbol nacional surgidas del Club Parque.

Madurga, Norberto: Volante de Boca, Palmeiras de Brasil y Banfield. Actuó entre 1966 y 1975.

Maidana, Julián: Marcador central que jugó en Talleres de Córdoba, Racing y Newell's.

Mancuso, Alejandro: Volante central de Ferro, Vélez, Boca, el fútbol de Brasil e Independiente. Jugó con la Selección el Mundial de Estados Unidos.

Maradona, Diego: Jugó en Argentinos Juniors, Boca, Barcelona de España, Nápoli de Italia, Sevilla de España y Newell's. Campeón mundial juvenil en Japón '79 y mundial de mayores en México '86. Como técnico dirigió a Mandiyú de Corrientes y Racing.

Marín, Fernando: Empresario. Presidente de Blanquiceleste S.A., empresa gerenciadora del Racing Club de Avellaneda.

Martin, Matías: Periodista deportivo, conductor de programas de radio y TV.

Mascherano, Javier: Volante central de River y Corinthians de Brasil. Fue campeón olímpico en Atenas 2004 con la Selección Argentina.

Maturana, Francisco: Director técnico colombiano que condujo a su selección en los mundiales '90 y '94. También dirigió a Costa Rica y Perú. En la Argentina fue técnico de Colón de Santa Fe.

Mendelsohn, Darío: Licenciado en psicología.

Merlo, Reinaldo: Volante central que jugó en River Plate. Como técnico, dirigió a Los Andes, River, Belgrano de Córdoba, Racing (lo sacó campeón después de 35 años) y Estudiantes. También dirigió a la Selección Juvenil Argentina.

Michelini, Pablo: Volante central que jugó en Deportivo Español, Racing y San Lorenzo.

Montenegro, Daniel: Volante creativo de Huracán, Independiente, River y el fútbol europeo.

Navarro Montoya, Carlos Fernando: Arquero de Vélez Sarsfield, el fútbol colombiano, Boca Juniors, el fútbol español, el chileno, Chacarita, Independiente y Gimnasia.

Noble, Iván: Músico argentino.

Olarticoechea, Julio: Campeón del mundo en México 86 y subcampeón en Italia 90 con la Selección Argentina. Jugó en Racing, River, Boca, Argentinos Juniors y Mandiyú de Corrientes. Jugó en el fútbol francés. Inició su carrera de técnico dirigiendo en el ascenso.

OLGUÍN, JORGE: Lateral derecho de la selección campeona del mundo del '78. Jugó en San Lorenzo, Independiente y Argentinos Juniors con notable éxito. Técnico de Colón y Argentinos Juniors.

ONEGA, DANIEL: Delantero de River y Racing. Jugó entre 1966 y 1973. Hermano menor de Ermindo Onega. Trabajó en River como seleccionador de futbolistas infantiles.

PACHAMÉ, CARLOS: Volante de Estudiantes, Boca, Lanús y Quilmes. Como técnico alterno acompañó a Carlos Bilardo en la Selección Argentina y como entrenador principal dirigió a Temperley y a Estudiantes.

PAENZA, ADRIÁN: Periodista de destacada labor en radio y televisión.

PEKERMAN, JOSÉ: Jugador de Argentinos Juniors, adquirió trascendencia al hacerse cargo de las selecciones juveniles argentinas, con las que ganó tres títulos mundiales. Es el actual técnico de la selección mayor.

PELLEGRINI, MANUEL: Zaguero chileno que jugó en el fútbol de su país. Como técnico en la Argentina fue campeón como entrenador de San Lorenzo y de River. Dirige al Villarreal de España.

PIAZZA, OSVALDO: Marcador central de Lanús y Vélez, jugó en el Saint Etienne de Francia. Como técnico se inició en el ascenso y luego dirigió a Vélez, Colón, Independiente y Huracán.

PIZZAROTTI, RICARDO: Preparador físico, encargado del plantel de la Selección que ganó el Mundial '78. Acompañó a Passarella cuando éste dirigió a River y a la Selección Nacional (1994-1998). Sus inicios en el fútbol fueron junto a Angel Tulio Zof en Los Andes (1967).

POMPEI, ROBERTO: Volante de Vélez, Racing, Boca, el fútbol español, Estudiantes, Arsenal y Huracán en el ascenso.

QUIROZ, FERNANDO: Volante central de Huracán y Racing. Como técnico dirigió a Platense, Huracán e Instituto de Córdoba.

Ramos Delgado, José Manuel: Marcador central de Lanús, River y Banfield. Jugó en el Santos de Pelé y en la Selección Nacional. Actuó entre 1956 y 1967. Como técnico dirigió a Platense, All Boys, Estudiantes y River. Se recibió de periodista deportivo.

Rinaldi, Jorge: Delantero que pasó por San Lorenzo, Boca y River, en la Argentina. También jugó en España y en Turquía. Actuó en la Selección Nacional.

Rocco, Jorge: Médico psiquiatra que trabajó en algunos equipos argentinos como San Lorenzo, Talleres de Córdoba y Nueva Chicago.

Rodríguez, Leonardo: Volante de creación que jugó en Lanús, Argentinos Juniors, San Lorenzo, Vélez y pasó por el fútbol de Italia, Chile, Francia, Alemania y México. Actuó en la Selección.

Rojas, Alfredo Hugo: Delantero que jugó en Lanús, Gimnasia, River y Boca. Jugó en Europa y en la selección nacional.

Russo, Miguel Ángel: Volante central de Estudiantes de La Plata (1975-1988). Destacado entrenador de Lanús, Estudiantes de La Plata, Rosario Central, Colón de Santa Fe y Vélez, entre otros.

Sacco, Enrique: Periodista deportivo de radio y televisión.

Sanguinetti, Javier: Defensor de Banfield y Racing.

Silas, Paulo: Volante brasileño que jugó el Mundial '90 para su selección, con la que había ganado un campeonato mundial juvenil. Jugó en equipos de Brasil, Portugal, la Argentina (San Lorenzo), Italia y Uruguay.

Silva, Darío: Delantero uruguayo que integró su selección y actuó en el fútbol europeo.

Simeone, Diego: Volante de Vélez, el fútbol italiano, el fútbol español y Racing. Superó los 100 partidos en la Selección Argentina.

Simón, Juan: Zaguero central de Newell's, el fútbol francés y Boca. Con la Selección Argentina ganó el título mundial Juvenil en 1979 y el subcampeonato mundial de mayores en 1990, compartiendo ambos equipos con Diego Maradona.

Solari, Jorge: Volante que jugó en Newell's, Vélez, River y Estudiantes, y terminó su carrera en el fútbol mexicano. Actuó entre 1960 y 1970. Como técnico dirigió, entre otros, a Newell's, Vélez, Independiente, en el fútbol de México, de España, la Selección de Arabia Saudita en el Mundial '94, y el fútbol de Japón.

SORÍN, JUAN PABLO: Jugó en Argentinos Juniors, River y en las ligas de Italia, Francia, Brasil y España. Campeón mundial juvenil con la selección juvenil argentina y capitán de la selección mayor en la era Pekerman.

SOSA, OSVALDO: Jugador de la década del 60 que pasó por Argentinos Juniors, Independiente y Ferro. De larga trayectoria como técnico. Dirigió a Argentinos, Racing, Deportivo Armenio, Mandiyú de Corrientes, Huracán, Independiente y Chacarita, entre otros.

TABÁREZ, OSCAR WASHINGTON: Como futbolista, fue zaguero en equipos de Uruguay y México. Como entrenador dirigió, entre otros, a la selección de Uruguay, Peñarol, Boca, Vélez, al Milan y al Cagliari de Italia y al Oviedo de España.

TILGER, DANIEL: Delantero que jugó en Boca, en Colombia, Chacarita, Unión y Lanús, entre otros clubes.

TROSSERO, ENZO: Defensor que actuó en Colón de Santa Fe, Independiente y Estudiantes. Terminó su carrera de futbolista en Suiza, donde inició la de técnico, llegando a dirigir la selección de ese país. En la Argentina dirigió a Independiente, Colón y Huracán, entre otros.

TROTTA, ROBERTO: Zaguero central que jugó en Estudiantes, Vélez, Racing, River, Unión. Además jugó en la Roma de Italia y en el fútbol mexicano.

VALDERRAMA, CARLOS: Jugó tres mundiales con la Selección Colombia. Actuó en varios clubes colombianos y en equipos de España, Francia y Estados Unidos.

VALENTIERRA, ARNULFO: Volante creativo que ganó la Copa Libertadores 2004 con el Once Caldas de Colombia. Jugó en la Selección Colombia.

VARGAS, FABIÁN: Volante colombiano que jugó en América de Cali y Boca Juniors de la Argentina.

VEIRA, HÉCTOR: En la Argentina jugó en San Lorenzo, Huracán y Banfield.
Como técnico, dirigió a Banfield, San Lorenzo, Vélez, Boca, Lanús, Newell's. También dirigió al Cádiz de España y a la selección de Bolivia.

VELLA, LUCIANO: Defensor de Newell's, que ganó el Apertura 2004 con el equipo rosarino.

VERÓN, JUAN RAMÓN: Delantero del Estudiantes campeón de Osvaldo Zubeldía. Como técnico dirigió en Guatemala y en las inferiores de Estudiantes de La Plata.

VERÓN, JUAN SEBASTIÁN: Volante de Estudiantes y Boca que jugó en las ligas de Italia e Inglaterra.
Jugó los mundiales de Francia '98 y Japón-Corea 2002 para la Selección Argentina.

VIVAS, CLAUDIO: Ayudante de campo de Marcelo Bielsa en la Selección Argentina (1999-2004), a cargo actualmente de las inferiores de Estudiantes de La Plata.

WEHBE, OSVALDO: Periodista. Relator de fútbol integrante del equipo de Víctor Hugo por Radio Continental.

YUDICA, JOSÉ: Delantero de Newell's, Boca, Vélez, Estudiantes, Platense y Quilmes. Como entrenador dirigió a varios clubes argentinos logrando ser campeón con Quilmes, Newell's y Argentinos Juniors. También dirigió en México y en Colombia.

ZAMORANO, IVÁN: Goleador chileno que jugó en el fútbol de su país, en el fútbol español, suizo e italiano. Salió campeón con el Real Madrid y jugó en el Inter de Milán. También jugó en el América de México y en el Colo Colo de su país. Jugó en la selección de Chile.

ZANABRIA, MARIO: Volante creativo de Unión de Santa Fe, Newell's, Boca, Argentinos Juniors y Huracán.
Como entrenador trabajó en Boca, Instituto de Córdoba, Vélez, Unión y Lanús, entre otros. También dirigió en México.

Zapata, Ariel: Volante de contención de Estudiantes de La Plata y Newell's.

Zof, Ángel Tulio: Como futbolista integró los planteles de Rosario Central y Huracán en la década del '50. Como técnico, su trayectoria es amplísima: Newell's, Rosario Central, Los Andes, Atlanta, San Martín de Tucumán y Platense, entre otros.

También pasaron por «Hablemos de fútbol»... en los ciclos 2003-2004:

Abraham, Tomás - Alayes, Agustín - Aquino, Rodolfo - Ares, Carlos - Barbosa, Mariano - Bardaro, Cristian - Barros Schelotto, Guillermo - Bassedas, Cristian - Belluschi, Fernando - Bernacchia, Martín - Bilos, Daniel - Borrelli, Enrique - Buljubasich, José María - Canelli, Cecilia - Capria, Diego - Carboni, Ezequiel - Cardetti, Martín - Carranza, Luis - Carrario, Silvio - Carrizo, Antonio - Castillo, Cristian - Castillo, Jairo - Celico, Jorge - Cervera, Jorge - Cocco, Victorio - Coloccini, Fabricio - Cousillas, Rubén - Craviotto, Néstor - De la Torre, Eduardo - Domínguez, Federico - Domizzi, Cristian - Fabbri, Alejandro - Farías, Ernesto - Fernández Moores, Ezequiel - Ferreyra, Osmar - Ferro, Romina - Fleita, Juan - Fuertes, Esteban - Galdames, Pablo - Gallina, Mario - Gamez, Raúl - Gancedo, Leonel - Ghiso, Jorge - Giménez, Christian- Goity, Gabriel - Gómez, Mario - González, Esteban - Gorosito, Néstor - Grandinetti, Darío - Gutiérrez, Marcos - Henao, Juan Carlos - Iarley, Pedro - Insúa, Rubén Darío - Jerez, Marisa - La Volpe, Ricardo - Larrosa, Omar - Latorre, Diego - Leuco, Alfredo - Ludueña, Daniel - Madelon, Leonardo - Marangoni, Claudio - Marini, Claudio - Marzolini, Silvio - Medero, Luis - Meléndez, Julio - Meléndez, Rodrigo - Montoya, Luis Fernando - Morel Rodríguez, Claudio - Nanni, Roberto - Olarra, Rafael - Olave, Juan Carlos - Orozco, Andrés - Ortiz, Oscar - Paredes, Aldo - Pavone, Mariano - Peratta, Sebastián - Pereyra, Gabriel - Pereyra, Guillermo - Pérez, Hugo - Pinola, Javier - Quiroga, Facundo - Ramaciotti, Carlos - Raponi, Juan Pablo - Rattín, Antonio - Redin, Bernardo - Rimoldi, Lucas - Rivoira, Héctor - Rodríguez, Gonzalo -

Rodríguez, Miguel Ángel - Romagnoli, Leandro - Romano, Florencia - Roos, Jaime - Sa, Francisco - Sambueza, Rubens - Sánchez, José Luis - Sánchez, Juan Amador - Sand, José - Santana, Jonathan - Saporiti, Roberto - Silva, Héctor - Tapia, Carlos - Traverso, Cristian - Troglio, Pedro - Tula, Cristian - Ubeda, Claudio - Villa, Julio - Villar, Justo - Villarreal, Javier - Vivaldo, Jorge - Virviescas, Kilian - Vivas, Nelson - Von Foerster, Claudio - Zabaleta, Pablo.

Índice